W0072160

Korallenmeer

Hans W. Fricke

Korallenmeer

Verhaltensforschung am tropischen Riff

Einführung von Irenäus Eibl-Eibesfeldt

Belser Verlag

©1972 Chr. Belser Verlag Stuttgart
Nachdruck und Fernsehwiedergabe der Bilder und
Texte nur mit Genehmigung des Verlages
Redaktion und Gestaltung: Belser Verlag, Stuttgart
Gesamtherstellung: Druckhaus Tempelhof, Berlin

Printed in Germany
ISBN 3-7630-1562-0

Fotos von

George J. Benjamin, Kanada
Jane Burton, England
Claude Carré, Frankreich
Ron Church, USA
Ben Cropp, Australien
Walter Deas, Australien
Irenäus Eibl-Eibesfeldt, Deutschland
Hans Flaskamp, Deutschland
Hans W. Fricke, Deutschland
Peter R. Gimbel, USA
Hermann Gruhl, Deutschland
Hans-Rudolf Haefelfinger, Schweiz
Sebastian Holzberg, Deutschland
Bruce Hunter, USA
Siegfried Köster, Deutschland
Peter Kopp, Deutschland
Dietrich B. E. Magnus, Deutschland
Jack McKenney, Kanada
David Masry, Israel
Horst Moosleitner, Österreich
G. R. Mundey, England
Allan Power, Australien
Ruud Rozendaal, Holland
Ludwig Sillner, Deutschland
Piero Solaini, Italien
Akira Tateishi, Japan
Ron Taylor, Australien
Valerie Taylor, Australien
Herwarth Voigtmann, Deutschland

Inhalt

Tropische Meere

Unterwasserfotografie und Tauchtechnik haben in den letzten
20 Jahren erstaunliche Fortschritte gemacht. Prof. Eibl-Eibesfeldt,
der bereits 1953 an der Xarifa-Expedition von Hans Hass teil-
nahm, berichtet im einführenden Kapitel vom ersten Abstieg ins Riff,
von seinen Begegnungen mit der bunten, bizarren Tierwelt
der Tropenmeere.
Der Lebensraum Meer ist bis in die letzten Winkel bevölkert.
Selbst unter dem ewigen Eis der Antarktis findet man reiches Leben.
Die Forscher warnen: Das Meer ist kein unerschöpfliches
Nahrungs-Reservoir. Es ist zu befürchten, daß eines Tages das
Leben im Meer vernichtet wird, wenn es nicht gelingt, durch welt-
weite Schutzmaßnahmen das Schlimmste zu verhindern.

1 Korallenriffe. Ein Atollriff auf dem Tuamotu-Archipel in der Südsee. Atollriffe entstehen durch Absinken einer Insel. In der Mitte des ringförmigen Riffs befindet sich eine flache Lagune, während an seinen Außenseiten das Riff steil ins tiefe Wasser abbricht.

2 Das große Barriere-Riff vor Australien ist mit fast 2000 km Länge das größte Korallenriff der Erde. Baumeister dieser riesigen unterseeischen Landschaft sind Milliarden winziger Korallenpolypen.

◁ 3, 4 Für viele Bewohner tropischer Inseln ist das Korallenriff ihre wichtigste Lebensgrundlage, denn sie können sich nur vom Fischfang ernähren. So täuscht die Schönheit vieler Koralleninseln, wie etwa auf San Blas (Abb. 4), ein Paradies vor, das nichts vom Existenzkampf der Bewohner verrät.

5 Ein Fischer fängt aus den Brandungswellen des Chinesischen Meeres Fischlarven.

4

5

6

7

6 Zu den Baumeistern des Korallenriffs gehört die Lederkoralle
(Sarcophyton). Ihre Polypen strecken
besonders bei Nacht die kleinen
Fangarme ins Wasser hinaus.

7 Auch Rotalgen sind wichtig für die
Formation des Korallenriffs. Sie
kommen meist in tieferen Zonen oder
in den schattigen Nischen von
Höhlen vor. Eine andere Gruppe, die
Kalkalgen, können Kalk ausscheiden,
der tote Korallenbruchstücke zu
festen Platten zementiert.

8 Die Elchhornkoralle (Acropora
palmata) ist in der Besiedlung der
Karibischen Korallenriffe besonders
erfolgreich gewesen. Ihr poröses
Skelett ermöglicht schnelles Ablagern
von Kalk, das heißt rasches Wachstum des Riffs.

8

9 Einige Fische, wie der Papageifisch (Scarus), können an den harten Kalkskeletten der Korallen nagen. Sie scheiden später den Kalk in Form feinsten Staubes aus. Fische werden so zu Herstellern des Sediments und tragen damit zur Entstehung des Riffs bei.

10 Wracks untergegangener Schiffe sind oft Grundlage für die Bildung neuer Riffe. In ihren dunklen Räumen findet man viele Tiere, die nur in größeren Tiefen vorkommen. So sind Wracks immer eine Fundgrube für Meeresbiologen.

11 Der Trompetenfisch (Aulostomus maculatus) reitet auf einem Zackenbarsch. Der Fisch schleicht sich in der Deckung des Barsches an kleinere Riff-Fische heran, die er durch einen plötzlichen Vorstoß erbeutet.

9

10

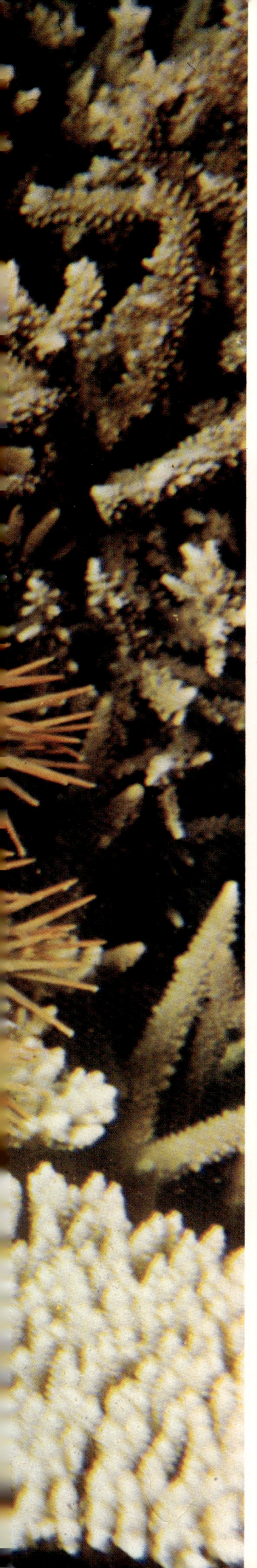

12 Ein gefährlicher Riffzerstörer, der Stachelseestern oder Dornenkrone (Acanthaster plancii), hat sich in letzter Zeit im Pazifik massenhaft vermehrt. Ein Tier frißt in einem Monat etwa 1 qm Rifffläche ab. Bis jetzt ist noch nicht geklärt, welches Ausmaß die Schäden durch diesen Seestern annehmen.

△
13 Wie jeder andere Seestern hat auch die Dornenkrone kleine Saugfüßchen, mit denen sie über die Korallen hinwegklettert.

◁ 14 Die weißen Stellen auf dem Bild zeugen vom Fraß des Stachelseesterns. Der reinweiße Korallensockel bleibt übrig, während der Polyp, der lebende Bestandteil der Koralle, vernichtet ist.

15 Mit der Entdeckung des autonomen Schwimmtauchens beginnt die Erschließung des Riffs. Der Mensch dringt in die letzten unberührten Lebensräume unserer Erde vor, um sie zu erforschen.

Erster Abstieg ins Korallenriff

Als ich im Frühjahr 1953 von Hans Hass die Einladung erhielt, an seiner ersten Xarifa-Expedition teilzunehmen, ahnte ich noch nicht, welch neue, wunderbare Welt sich mir eröffnen würde. Ich hatte zwar schon viel vom Meer gehört, von Stürmen, Haien und bunten Korallenfischen, aber das größte Gewässer, das ich bis dahin kennengelernt hatte, war der Neusiedler See. Auch hatte ich mich zu jener Zeit nahezu ausschließlich der Erforschung von Lurchen und Landsäugetieren gewidmet. Nun sollte ich Gelegenheit haben, in der Karibischen See und bei den Galápagos-Inseln zu tauchen! Das ist nun fast zwanzig Jahre her, und aus verschwommenen Vorstellungen wurde eine überaus bunte Wirklichkeit.

Die Begegnung mit dem Meer erweiterte meinen zoologischen Horizont. Die Vielfalt der Korallenfische öffnete mir die Augen für das so rätselhafte Phänomen der Anpassung in Form, Farbe und Verhalten. Fragen der stammesgeschichtlichen Entwicklung und ökologischen Einnischung begannen mich damals zu faszinieren, und es vergeht seither kaum ein Jahr, in dem ich nicht irgendein tropisches Riff besuche.

Bei den Los Roques-Inseln vor der Küste Venezuelas lernte ich zum erstenmal die überwältigende Fülle tropischer Riffe kennen. Ausgerüstet mit einem leichten Sauerstoffgerät schwamm ich vorsichtig durch diese Gärten aus Stein, vorbei an Korallenhecken, die zierlich wie Büsche wuchsen und zwischen deren Ästen dunkle, gelbgeschwänzte Riffbarsche mit leuchtend hellblauen Punkten wohnten. Ich untertauchte die ausladenden Äste der Elchhornkorallen und erreichte zuletzt den Riffabhang, eine Felswand gerundeter Korallenblöcke, die ziemlich steil in die Tiefe abfiel. Hier, etwa 15 m unter dem Meeresspiegel, setzte ich mich hin. Zu meinen Füßen verlor sich das Riff im tiefen Blau des Meeresabgrunds. Fischschwärme fluteten an mir vorbei. Sie lösten sich aus dem Blau, nahmen Form an und entschwanden wieder. Ein Hai patrouillierte vor mir auf und ab, starr und ausdruckslos, nur seine Augen musterten mich mit lebhaften Bewegungen.

Ich betrachtete die Riffwand. Sie war zum Teil aus mächtigen, unterhöhlten Korallenblöcken aufgebaut und ziemlich zerklüftet. Ein schwarzer Engelfisch mit großen goldgelb umrandeten Schuppen schwamm aus einer Höhle, schaute kurz zu mir her, knurrte ›crack crack‹ und versteckte sich wieder; einer mit gelben und schwarzen Binden trat an seine Stelle. Ein Pärchen heller, zart gemusterter Schmetterlingsfische – beide trugen einen auffällig dunklen Augenfleck unter der Rückenflosse – pickte an den Korallen neben mir. Ein grüner Papageifisch mit gelben Punkten an den Kiemendeckeln fraß an einer Hirschkoralle, als wäre es ein Kohlrabi. Bunte, schlanke Lippfische und hochrückige Seebader huschten hastig mit den Brustflossen rudernd um mich herum. Es wimmelte von Fischen! Die Formenfülle war verwirrend, und ich fürchtete damals, es würde mir nie gelingen, hier eine Ordnung zu erkennen und ein Problem zu verfolgen. Und doch bescherte mir bereits der erste Abstieg eine Beobachtung, die meine weitere Arbeitsrichtung bestimmen sollte: Während ich so saß und

schaute, kam ein großer Zackenbarsch mit trägen Bewegungen seiner lappigen Brustflossen angerudert, ein finsterer Gesell mit furchterregendem Maul. Über einem Korallenblock direkt vor mir blieb er stehen und sperrte sein Maul auf. Und flugs kamen
zwei schlanke, blaue Fischchen herbeigeschwommen und begannen, die Oberfläche
des Raubfisches abzusuchen. Einer näherte sich zielstrebig dem offenen Maul und –
ich traute meinen Augen nicht – verschwand in der weiten Höhlung! Um den ist's
gleich geschehen, dachte ich – aber weit gefehlt. Der Zackenbarsch hielt mäuschen-
still, während das blaue Fischchen in seinem Maul umherschwamm und da und dort
etwas aufpickte. Nach einer Weile schloß er das Maul, aber nicht ganz, und der Kleine
schwamm daraufhin ins Freie. Dann schüttelte der Barsch seinen Körper, und die
beiden Fischchen kehrten zur Wohnkoralle zurück. Der Zackenbarsch verschwand.

Unterseeische Barbierstuben

Noch während ich mich vom Staunen erholte, kam ein anderer an, und genau der
gleiche Vorgang wiederholte sich. Es wurde mir schnell klar, daß die kleinen Fische
als ›Putzer‹ die großen von Parasiten und Unreinheiten befreiten. Immer neue Gäste
kamen. Ich war offenbar durch Zufall bei einer Barbierstube im Riff gelandet. Bald
hatte ich auch herausgefunden, daß Wirte und Putzer sich durch eine Reihe von
Signalen verständigen, man also von einer geregelten Partnerschaft sprechen kann.
Ich prägte dafür später den Begriff ›Putzersymbiose‹. Beim Studium der Literatur
fand ich, daß der Amerikaner Longley den Vorgang bereits 1918 kurz beschrieben
hatte, ohne allerdings den Symbiosencharakter der Beziehung zu erkennen.
Mittlerweile habe ich in vielen tropischen Meeresgebieten getaucht. Ich lernte pazi-
fische Atolle kennen, das Barriere-Riff Australiens und viele Riffe des indopazifischen
und karibischen Raums. Überall fand ich Putzerfische. Im Indopazifik waren es vor
allem Lippfische, die diese Planstelle innehatten. Der blaugestreifte Putzerlippfisch
(Labroides dimidiatus) war der häufigste. Ihn beobachtete ich vor allem 1958 während
der zweiten Xarifa-Expedition in den Malediven. Ein Tauchabstieg im Faddifolu-
Atoll bereicherte mich damals um eine weitere entscheidende Beobachtung: Ich saß
wieder vor einer unterseeischen Barbierstube. Drei Dicklippenbarsche, ein Zackenbarsch und mehrere unruhige Schmetterlingsfische warteten darauf, geputzt zu werden. Zwei blaugestreifte Putzerlippfische waren emsig um die Kunden bemüht, da
sah ich, daß sich zu diesen beiden Putzern ein dritter gesellte. Eine Dicklippe er-
wartete ihn mit offenem Maul. Aber kaum war der dritte Putzer herangekommen, da
zuckte die Dicklippe zusammen und suchte das Weite. Wenig später fing ich den vermeintlichen Putzer. Als ich ihn in der Hand hielt, da biß er mich so stark in den Finger,
daß ich heftig blutete. Und nun wußte ich, daß ich keinen Putzer vor mir hatte, sondern einen Säbelzahnschleimfisch. – Ich hatte mit Säbelzahnschleimfischen schon
bei den Galápagos-Inseln meine Erfahrungen gesammelt. Dort griffen mehrere eine

wunde Stelle an meinem Bein an, und später sah ich, wie diese kleinen Fischchen mit ihrem scharfen Gebiß winzige Stücke aus Flossen und Haut von anderen Fischen herausstanzten. Nur sahen die Säbelzahnschleimfische von Galápagos etwas anders aus. Die ich hier bei den Malediven gefunden hatte, ähnelten den Putzerlippfischen in jeder Einzelheit: sie waren genau wie diese gefärbt und hatten sich auch in ihrem Verhalten so den Putzern angeglichen, daß ich sie nicht so ohne weiteres von diesen unterscheiden konnte. Sie hatten sich als Putzer getarnt und täuschten so andere Fische. In ihrer Tarnung kamen sie leicht an die Opfer heran, die sie dann aus nächster Nähe überfielen, um Stücke aus Haut und Kiemen zu stanzen. Das Beispiel führte mir vor Augen, welch ungeheurer Konkurrenzdruck in so einem Riff herrschen muß. Es ist ja kaum vorstellbar, daß es sich für eine Art ›lohnt‹, in eine so ausgefallene Nische, wie die des Putzernachahmers, hineinzuwachsen. Ich begann, andere Fischsymbiosen zu studieren. Außerdem interessierte mich die Vielfalt der Anpassungstypen, und ich begann mit einer systematischen Aufsammlung der Riff-Fische. Über 420 Knochenfischarten sammelte ich allein aus den Riffen der Malediven, obgleich ich nur bis 50 m Tiefe vordrang. Die Zahl mag einen Begriff von der Artenfülle auf engstem Raum geben. Stammesgeschichte wurde mir hier anschaulich vor Augen geführt.

Lebensraum Meer

Wie erklärt sich aber die Artenfülle im Riff, wie sieht dieser Lebensraum im einzelnen aus? Um das verständlich zu machen, wollen wir im Großen beginnen. Genau 71 % der Erdoberfläche sind von jener zusammenhängenden Wassermasse bedeckt, die wir das Weltmeer nennen. Die gesamte Wassermasse wird auf 1,4 Milliarden cbkm geschätzt. Würden alle Berge eingeebnet, so daß unser Planet eine glatte Kugel wäre, dann würde eine 2,5 km dicke Wasserschicht die Erde bedecken. So gesehen ist unsere Erde doch ein recht nasser Planet. Als Lebensraum übertrifft das Meer das Land um ein Vielfaches, zumal es in allen Dimensionen bevölkert ist, während die Landbewohner stets der Erde verhaftet bleiben.
Das Meer ist bis in die letzten Winkel bevölkert. Man hat aus der ewigen Nacht der Tiefsee eine Fülle höchst bizarrer Fischarten heraufgeholt, z. B. Anglerfische mit leuchtenden Ködern und Vipernfische, die Beute verschlingen können, die sie um ein Mehrfaches an Größe übertrifft. Man weiß um die Existenz riesiger Tintenfische, die 20 m Gesamtlänge erreichen. Aus Tiefen unter 6000 m kennt man über 6000 Tierarten! Als das Tiefseetauchboot Trieste von Jacques Piccard am 23. Januar 1960 den Boden des Challengertiefs in 11 278 m Tiefe erreichte, sahen die Forscher dort einen 30 cm langen Plattfisch und eine Garnele!
Selbst unter dem Ross-Schelfeis der Antarktis fand man reiches Leben. Im Gebiet des Koettlitzgletschers, der selbst im Sommer 28 km vom offenen Meer entfernt ist, hat man durch Gletscherspalten Bodenproben geholt, die Vertreter von acht Tierstämmen

enthielten. Auf dem Quadratmeter lebten dort Hunderte von Anemonen, Flohkrebschen, ja sogar Fische. Dabei ist dieser Raum absolut lichtlos, und die Temperaturen betragen minus 1,92–1,95 °C!

Während auf dem Land das Leben, wie gesagt, am Boden haftet, entfaltet es sich im Meer in allen drei Dimensionen. Das freie Wasser ist von einer Vielzahl von Tieren bevölkert, die ihr gesamtes Leben schwimmend und treibend verbringen und dafür eine Reihe von besonderen Anpassungen mitbringen, die wir noch besprechen werden. Die chemische Zusammensetzung des Meerwassers ist recht einheitlich. Im allgemeinen sind 35 g Salze in einem kg Meerwasser enthalten. Von diesen Salzen überwiegt das Kochsalz (NaCl) mit 77,9 %, und da sich die prozentuale Zusammensetzung nicht ändert, gibt man im allgemeinen den Salzgehalt in Prozenten Kochsalz pro Liter an. Die Schwankungen des Salzgehaltes sind geringfügig, sieht man von einigen, durch Flüsse stark ausgesüßten Nebenmeeren wie der Ostsee ab. Den höchsten Salzgehalt hat das Oberflächenwasser zwischen dem 20. und 40. Breitengrad. Man nimmt an, daß ein großer Teil des Meersalzes im Laufe der Zeit durch das Regenwasser aus den Kontinenten ausgewaschen wurde, die Meere also einst weniger salzig waren.

Der Temperaturunterschied des Meerwassers umspannt einen Bogen von –2 ° bis +30 °C. In Gezeitentümpeln kann das Wasser noch wärmer werden. Das Pendel schlägt aber deutlich weniger nach den Extremen aus als an Land. Vor allem die tageszeitlichen und jahreszeitlichen Temperaturschwankungen einer Region sind im allgemeinen sehr gering. Sie gehen im offenen Meer nie über 10 °C hinaus. Um den Äquator beträgt die Oberflächentemperatur 27,5 °C bei jahreszeitlichen Schwankungen von höchstens 2 °C und tageszeitlichen von 0,2–0,3 °C. Nur in Küstennähe sind die Temperaturschwankungen etwas größer. In mittleren Breiten schwankt die jahreszeitliche Temperatur um 6–8 °C. Unter 200 m Tiefe beobachten wir keine jahreszeitlichen Schwankungen. Die Temperatur sinkt mit der Tiefe ab. In den Tropen beträgt sie in 200 m Tiefe um 20 °C, bei 1200 m 5 °C. In der Tiefsee mißt man schließlich nur noch 1–2 °C.

Nahrungsketten

Die Nahrungsketten im Meer beginnen in erster Linie mit den assimilierenden Algen, die aus anorganischen Stoffen organische Verbindungen aufbauen. In der Tiefsee spielen auch anaerobe (ohne Sauerstoff lebende) Bakterien eine Rolle, doch ist diese Nahrungskette noch ungenügend erforscht. Voraussetzung für die Assimilation sind Wasser, Kohlendioxyd, mineralische Stoffe und Sonnenlicht. Da Wasser und Kohlendioxyd stets ausreichend vorhanden sind, hängt die Produktivität eines Meeresgebiets von der eingestrahlten Kalorienmenge und den Mineralstoffen ab. Ein Teil des Sonnenlichts wird an der Oberfläche reflektiert. Bei 5° Sonnenhöhe sind es 40 %, bei

50° Sonnenhöhe nur 3 %. Ferner wird das Licht vom Wasser und durch Trübstoffe absorbiert, und zwar die verschiedenen Wellenlängen unterschiedlich. Rot und Ultraviolett dringen weniger tief ein als der blaue und grüne Lichtanteil, weshalb dem Taucher unter Wasser alles in einem bläulichen Licht erscheint. Der Kompensationspunkt, bei dem Assimilation und Dissimilation (Aufbau und Abbau) einander gerade ausgleichen, liegt im trüben Wasser wenige Zentimeter unter der Wasseroberfläche, in der sehr klaren Sargassosee dagegen in 100 m Tiefe.

Wo Meeresströmungen aufsteigen, werden die beim Abbau der Organismen zunächst absinkenden Nitrate und Phosphate aus der Tiefe wieder heraufgebracht. Das bewirkt reichen Algenwuchs und damit Fischreichtum. Solche Verhältnisse findet man z. B. an der Küste Perus und an der Westküste Afrikas.

Im Durchschnitt ist jedoch das Meer viel weniger produktiv als das Land. Genaue Messungen ergaben, daß pro qm Fläche im offenen Ozean im Jahr durchschnittlich 100 g trockene, organische Substanz produziert werden, in der Küstenzone sind es 200 g und in Gegenden mit Aufströmungen (Peru) 600 g. Algen und Tangfelder bringen es bis zu 2600 g und die Korallenriffe bis 4900 g organischer Substanz pro qm und Jahr. Diese sehr produktiven Zonen sind jedoch relativ schmal und fallen daher wenig ins Gewicht. Die Produktion der Landflächen liegt im allgemeinen wesentlich höher. Wälder der temperierten Zone erzeugen 1600 g trockene organische Substanz pro Jahr und qm, Grasland der temperierten Zone bis 3200 g, menschliche Kulturen 4000 g (Mais) und in den Tropen bis 9400 g (Zuckerrohr). Der tropische Regenwald produziert bis zu 6000 g. Die mittlere Produktivität des Landes beträgt 1200 g organische Trockensubstanz pro Jahr und qm. Dagegen ist das Meer mit 120–150 g organischer Trockensubstanz recht unproduktiv. Obgleich wegen der größeren Fläche mehr Sonnenlicht auf das Meer fällt als auf das Land, übertrifft das Land die See an Produktivität um 25–50 %. Das muß man allen jenen Utopisten entgegenhalten, die meinen, das Meer sei ein unerschöpfliches Reservoir an Nahrung, aus dem sich künftig Milliarden Menschen ernähren könnten! Würden die assimilierenden Algen an der Meeresoberfläche ausgebreitet, dann ergäbe dies einen grünen Film von nur ¼ mm (!) Dicke. Dennoch gewinnt dieser Algenfilm für unser Überleben in zunehmendem Maß an Bedeutung. Wir verwüsten die Erdoberfläche durch Abholzung der Wälder und schlechte Bewirtschaftung des Ackerbodens. Wüsten breiten sich aus, gleichzeitig erzeugen Industrie und Verbrennungsmotoren gewaltige Mengen an Kohlendioxyd, so daß der Kohlendioxydgehalt der Atmosphäre in den letzten 100 Jahren um etwa 10 % anstieg. Das fördert einerseits den Pflanzenwuchs, könnte aber bei weiterer Zunahme auf lange Sicht klimatische Änderungen zur Folge haben. Bereits heute regeneriert die Landfläche der Vereinigten Staaten nur 60 % des verbrauchten Sauerstoffs. Für die Regeneration und Reinigung unserer Atmosphäre sorgt zunehmend das Meer. Dennoch sind wir im Begriff, diesen dünnen Lebensfilm, auf den wir angewiesen sind, zu zerstören, indem wir das Meer zur Kloake und Giftablagerungsstätte degradieren. Einige dieser Gifte, wie z. B. das oft genannte DDT, hemmen die

Assimilation. DDT wird selektiv von Algen aufgenommen und in der Nahrungskette weitergereicht. Wie weltweit die Verseuchung ist, geht aus der Tatsache hervor, daß die Pinguine der Antarktis in ihrem Fettgewebe bereits so viel DDT speichern, daß sie nach unseren Lebensmittelgesetzen ungenießbar wären. Und das, obgleich erst seit dem Zweiten Weltkrieg das Mittel in größerem Maß eingesetzt wurde. Andere Gifte, die wir heute bedenkenlos dem Meer zuführen, mögen sich als noch gefährlichere Zeitbombe erweisen. Es ist durchaus denkbar, daß wir durch Dummheit eines Tags die Lebenswelt des Meeres und damit uns selbst vernichten.

Erfindungsreiche Spezialisten

Die großen Ozeanbecken sind durch die Kontinentalmassen relativ gut voneinander abgegrenzt. Als Lebensraum gliedert sich das Meer in eine Reihe von Zonen mit ganz unterschiedlichen Lebensbedingungen. Man unterscheidet in der Grobgliederung zunächst die Lebensgemeinschaft der hohen See (Pelagial) von jener des Bodens (Benthal). Diese beiden Lebensräume erfordern von den sie bevölkernden Lebewesen grundsätzlich andere Anpassungen. Der Boden bietet den dort festsitzenden oder kriechenden Tieren Unterlage und Schutz. An beidem mangelt es im freien Wasser. Da das Protoplasma stets schwerer ist als das Meerwasser, müssen alle Tiere des Pelagials irgendwie das Absinken in für sie ungünstige Zonen verhindern. Algen brauchen Licht und Wärme. In der kalten Tiefsee würden sie zugrunde gehen. In paralleler Anpassung entwickelten daher Tiere wie Pflanzen die verschiedensten Einrichtungen gegen das Absinken: Schwebefortsätze, die durch Oberflächenvergrößerung den Auftrieb erhöhen, mit Öl oder Gas gefüllte Behälter, Abbau von schweren Skeletten und dergleichen mehr. Dabei machten die Tiere zahlreiche parallele Erfindungen: Die kleine Nacktschnecke *Glaucus,* die rückenabwärts an der Meeresoberfläche treibt, füllt ihren Darm mit Luft. Die Veilchenschnecke *Janthina* sitzt rückenabwärts auf einem aus Schaumbläschen verfertigten Floß, das sie selbst erzeugt, indem sie mit ihrem Fuß Luftbläschen von der Oberfläche holt, in Schleim hüllt und aneinanderfügt. Die quallenartig aussehenden Polypenstöcke *Velella* und *Porpita* schließlich entwickelten eigene Gaskammern in ihrer ›Glocke‹, mit deren Hilfe sie an der Oberfläche treiben.

Diese Tiere haben also unabhängig voneinander die Aufgabe, sich treibend zu erhalten, gelöst, und zwar auf verschiedene, aber im Prinzip doch gleiche Weise. Es gibt noch weitere, parallel erworbene Umweltanpassungen, die *Glaucus, Janthina, Porpita* und *Velella* miteinander und mit vielen anderen Tieren des Pelagials teilen: Alle sind z. B. blau gefärbt und damit an die Farbe der See so angepaßt, daß Räuber sie nicht allzu leicht wahrnehmen können. Auch im Fluchtverhalten entwickelten die Bewohner des freien Wassers besondere Spezialisierungen. Die fliegenden Fische und ebenso einige Tintenfische entziehen sich dem Feind, indem sie über die Wasseroberfläche

26

hinausspringen und eine Strecke im Gleitflug zurücklegen. Der Verfolger verliert dabei den Sichtkontakt. Fische der freien See schließen sich ferner oft zu Schwärmen zusammen. Auch das ist eine Feindanpassung (s. Kap. Schwarmverhalten).

Ganz andere Lebensformtypen sind in der Lebensgemeinschaft des Bodens zu finden. Seine Bewohner können sich festsetzen, in Spalten verkriechen oder im Sand vergraben und daher schwere Panzerungen und Skelette entwickeln oder, wenn sie im Schutz der Felsen leben, auch bunte Signalfarben tragen. Je nachdem, ob sie auf Fels oder Sandboden leben, entwickelten sie Fels- oder Sandanpassungen.

Meereszonen und ihre Bewohner

Die Lebensgemeinschaften des Bodens und des freien Wassers lassen sich in vertikaler Richtung weiter unterteilen. Die Wasseroberfläche wird von einer Reihe von Spezialisten bevölkert. Die Segelquallen gehören zu den typischen Bewohnern dieser Region. Man fand ferner, daß die obersten Millimeter unter dem Wasserspiegel von einer eigenen Kleinlebewelt, dem Neuston, bevölkert sind. Die durchlichtete Zone, die bis etwa 200 m Tiefe hinabreicht, bezeichnet man als das Epipelagial. Bis zum Kompensationspunkt reicht die euphotische Region. Die Temperatur fällt in den warmen Meeren in 200 m Tiefe auf 20 °C ab. Dem Epipelagial folgt das Mesopelagial, das bis 1000 m Tiefe reicht. Man mißt an seiner unteren Grenze in warmen Meeren 10 °C. Darunter erstreckt sich das Bathypelagial der Tiefsee. Die Temperaturen fallen auf 4 °C ab, und als untere Grenze dieser Zone werden 3000–4000 m angegeben. Geht man noch tiefer in die Regionen des Abyssopelagials, dann sinkt die Temperatur unter 4 °C. Im Benthal unterscheidet man als oberste Region die Uferzone, das Litoral. Sie umfaßt den ganzen Kontinentalsockel bis 200 m Tiefe und endet dort mit dem Beginn des Kontinentalabfalls. Die Küstenzonen der Erde bedecken etwa 28 Millionen Quadratkilometer. Für den Zoologen ist die Uferzone eine der interessantesten Regionen, verlangt sie doch von ihren Bewohnern eine Reihe extremer Sonderanpassungen. Ihre oberste Region, die Gezeitenzone, liegt bis zu zweimal am Tag trocken. Die Tiere, die dort leben, sind dem mitunter erheblichen Wellenschlag ausgesetzt, und das erfordert besondere Anpassungen. Sanduferbewohner müssen sich vor der zerreibenden Tätigkeit des aufgewühlten Sandes schützen können. Tiere, die auf Felsufern sitzen, entwickelten starke Panzer, die dem Wellenschlag widerstehen und vor Austrocknung schützen, ferner breite Haftsohlen oder die Fähigkeit, sich mechanisch im Gestein zu verankern, um nur einige der Besonderheiten zu erwähnen. Seepocken, Napfschnekken, Strandschnecken, Miesmuscheln, Austern, Panzerseeigel, Seesterne und flinke Krabben leben hier. Manche dieser Arten wagen sich weit landeinwärts, in die sog. Spritzwasserzone, die nur gelegentlich bei Stürmen und Springfluten befeuchtet wird. Dort findet man z. B. Seepocken, die viele Stunden Sonnenglut und sogar Wochen der Trockenheit ertragen können.

In den Gezeitentümpeln, die bei Ebbe zurückbleiben, findet man bereits Fische, in erster Linie verschiedene Grundeln, die in Anpassung an diese Region ein erstaunliches Lernvermögen entwickelten. Überrascht man die atlantische Grundel *Bathygobius soporator,* dann springt sie von Tümpel zu Tümpel ins Meer zurück. Der Amerikaner Aronson fand, daß diese Grundeln bis zu 10 m Entfernung zurücklegen und bis zu 11 Tümpel benützen können. Legte der Forscher einen Tümpel trocken, dann sprangen die Fische ins Trockene. Sie sprangen demnach blindlings, nach ihrer Erinnerung. Der genannte Forscher stellte fest, daß die Tiere bei Flut die Lage der Vertiefungen lernen und das Gelernte über 40 Tage in Erinnerung behalten.

Die Gezeitenregion ist eine Brücke vom Land zum Meer, und obgleich es sich nur um einen schmalen Streifen um Kontinente und Inseln handelt, ist dieser Lebensraum für den Zoologen wegen der besonderen Anpassungsformen der Lebewesen von großem Interesse.

Die untere Küstenzone endet bei 200 m. Es folgt die Region des Bathyals, dessen untere Grenze wechselnd mit 3000–4000 m angegeben wird. Es bedeckt 90 Millionen Quadratkilometer. Darunter folgt das Abyssal, das 240 Millionen Quadratkilometer bedeckt. Die Tiefseegräben bezeichnet man als Hadal. In ihnen bilden sich bemerkenswerte lokale Tiergemeinschaften aus, da die Gräben voneinander isoliert sind.

Der Korallenpolyp

Von all diesen Lebensräumen sticht das Korallenriff durch Artenreichtum und Formenmannigfaltigkeit hervor. Bereits das flüchtige Durchblättern der Bildtafeln dieses Buches wird einen Eindruck von der überwältigenden Farben- und Formenfülle der Riffe vermitteln. In den tropischen Meeren wachsen Gärten aus Stein, in denen es von juwelengleichen Fischen wimmelt. Zierliche Korallenhecken wechseln mit zerklüfteten Blöcken, in deren Nischen Seesterne und Raubfische hausen. Baumeister dieser wechselvollen Landschaft sind die kleinen Korallenpolypen. Ihr schlauchförmiger Körper hat nur eine Öffnung, die von Fangarmen umstellt ist. Mit dem blinden Ende sitzt der Polyp auf seiner Unterlage und scheidet dort als Außenskelett eine Basisplatte ab, die sich am Außenrand ringförmig verdickt. Außerdem wird die Basisplatte zunächst an sechs Stellen durch radiär abgesonderte Kalkstreifen verdickt. Diese Streifen wachsen in die Höhe, so daß sie und die sie umhüllende Basisplatte als sog. Septen schließlich in den Magenraum des Polypen ragen. Der Polyp schafft sich mit Hilfe dieses Außenskeletts eine Sasse, in die er sich bei Gefahr zurückziehen kann. Haben die Septen schließlich eine bestimmte Höhe erreicht, legt der Polyp über ihnen eine neue Basisplatte an. Ob dabei der untere Polypenteil abgeschnürt wird oder ob er die alte Sasse verläßt, weiß man nicht. Auf jeden Fall werden immer neue Etagen angelegt, und der Korallenstock wächst in die Höhe. Über Jahrtausende wachsen so mächtige Riffe heran. Sie bilden auch den Grundstock einiger Gebirge in unseren Alpen.

Steinkorallen gedeihen am besten in den warmen Meeren, und nur dort treten sie riff-bildend auf. Mit der Wärme nimmt auch die Artenzahl zu. So gibt es am Barriere-Riff am 35. südlichen Breitengrad nur eine Korallengattung. Die Temperatur schwankt dort zwischen 10 und 25 °C. Am 20. südlichen Breitengrad bei einer Temperatur von 20–30 °C findet man bereits 40 Gattungen und am 10. südlichen Breitengrad bei einer Temperatur von 24–32 °C 60 Gattungen. Auch brauchen die Riff-korallen das Sonnenlicht, denn in ihrem Weichkörper leben Algen als Symbionten. Sie verarbeiten mit Hilfe des Sonnenlichts Kohlendioxyd und die stickstoffhaltigen Abbauprodukte des Polypen und liefern dafür Sauerstoff. Daher gedeihen die Riffkorallen nur in der durchlichteten Zone.

Die vielgestaltige Korallenlandschaft bietet sehr vielen Lebewesen eine Existenzmöglichkeit. Die Koralle spielt dabei im Leben dieser Tiere als Nahrung, Zuflucht, Versteck und Wohnsitz eine entscheidende Rolle. Viele Tiere haben sich ausschließlich darauf spezialisiert, die Korallenpolypen zu fressen. Die Papageifische beißen die Sprossen der verästelten Korallen ab und benagen mit ihren harten Kiefern die Korallenblöcke. Sie spielen im Riff als Sandproduzenten eine wichtige Rolle. Auch eine Reihe von Schmetterlingsfischen fressen die kleinen Korallenpolypen. Unter den Wirbellosen hat neuerdings die Dornenkrone *Acanthaster plancii* als Korallenzerstörer Aufsehen erregt. Dieser große Seestern erklettert Korallenstöcke und stülpt seinen Magen über sie. Die Korallenpolypen werden verdaut, und zurück bleibt nur das tote weiße Kalkskelett (Abb. 14). In den letzten Jahren stellte man im Pazifik ein gebietsweises Massenauftreten dieser Seesterne fest. Einzelne Riffe wurden völlig verwüstet, so auch die Riffe um Green Island am großen Barriere-Riff. Man befürchtete, daß dieses epidemische Auftreten das Barriere-Riff gefährden könnte und in der Folge auch den australischen Kontinent, der ohne den schützenden Riffgürtel der zerstörenden Wellentätigkeit ausgesetzt wäre. Das ist nun sicher eine Übertreibung. Bei einem Besuch des Barriere-Riffs im Sommer 1970 stellten Hans Hass und ich fest, daß die Seesterne nur auf engbegrenzten Stellen massenhaft vorkommen. Sie zerstören dort das Riff, vernichten aber dabei selbst ihre Existenzgrundlage. Sind die Korallen aufgefressen, dann verschwinden auch die Dornenkronen, und das Riff kann wieder nachwachsen. Über die Ursache des Massenauftretens ist man unterschiedlicher Meinung. Man hat unter anderem vermutet, daß Schneckensammler durch Ausrottung der Schnecke den Schaden verursachten, da die Schnecke ein Hauptfeind der Dornenkrone ist.

Bei dem epidemischen Auftreten kann es sich aber auch um ein ganz natürliches Vorkommnis handeln. Man beobachtet, daß sich manche Tierarten auch ohne Einwirkung des Menschen zyklisch stark vermehren, dabei aber ihre Nahrungsbasis vernichten, so daß sie bis auf wenige Exemplare zugrunde gehen, worauf sich die Beutetiere wieder vermehren und ein neuer Zyklus beginnt. Man ist jedenfalls auf die Dornenkrone aufmerksam geworden und hat die verschiedensten Methoden zu ihrer Vernichtung ausprobiert. Unter anderem setzte man Taucher ein, die mit Formalininjektionen die

Seesterne vergifteten. In der Diskussion um die Dornenkrone machte in den letzten beiden Jahren auch die winzige Harlekingarnele von sich reden. Seibt und Wickler hielten diese Garnele in Seewiesen, um deren Paarbildungsverhalten zu untersuchen. Dabei entdeckten sie, daß die Garnele Dornenkronen tötet. Sie löst die Arme der Seesterne von der Unterlage und frißt die weichen Teile an. Die Garnele bietet sich demnach für eine biologische Seesternbekämpfung an, falls sich das als notwendig erweisen sollte.

In den Schlupfwinkeln des Riffs

Neben Nahrung bieten die Korallenriffe einer Vielzahl von Meeresbewohnern Unterschlupf und damit Schutz vor Feinden. Die Riffbarsche der Gattung *Chromis* und *Dascyllus* halten sich mit Vorliebe bei den Korallenstöcken auf. Sie fischen im freien Wasser, werden sie aber erschreckt, dann flüchten sie sogleich zwischen die Korallenäste, und nichts treibt sie so leicht wieder hervor. Man kann den Korallenstock abbrechen und mitsamt den Fischen an die Oberfläche bringen. Selbst wenn der Stock aus dem Wasser gehoben wird, verharren die Fischchen zwischen den Ästen.
Mustert man einen Korallenstock genauer, dann sind viele verborgene Bewohner zu entdecken: Auf den abgestorbenen Teilen wachsen Schwämme; Schlangensterne und Krabben sitzen zwischen den Ästen, und kleine Fischchen (Pelzgroppen) verbergen sich dort. Viele Tiere haben sich in den Korallenstock eingebohrt, so Schnecken, Muscheln und Krebschen. Aber aller Schutz ist relativ. Gibt es doch Spezialisten unter den Fischen, die mit ihren langen pinzettenartigen Schnauzen sich ihre Nahrung selbst aus diesen sicher scheinenden Schlupfwinkeln pflücken. Beim Durchmustern eines Korallenstocks erkennen wir schnell, daß es sich hier um einen Mikrokosmos handelt. Die Vielfalt der Kleinlebensräume ist der hervorstechende Zug des Korallenriffs. Jede Korallenart, jeder Schwamm und jedes Algenbüschelchen birgt seine eigene kleine Lebensgemeinschaft, jeder Sandfleck hat seine eigenen, für die Korngröße typischen Bewohner, dadurch wird das Tauchen zum entdeckungsreichen Abenteuer.
Die Kleinlebensräume bilden in ihrer Gemeinschaft wieder größere typische Unterwasserlandschaften. So, wie es an Land verschiedene Landschaften (Wiesen, Wälder, Hecken) mit typischen Lebensgemeinschaften gibt, so findet man auch unter Wasser Korallenwälder und -hecken, Wände aus Korallenblöcken, Geröllhalden, Sandflächen, Algenwiesen. Und jede dieser Landschaften ist von sie kennzeichnenden Bewohnern bevölkert. Um die Korallenhecken und -blöcke wimmelt es von Fischen verschiedenster Formen und Farben. Man findet hier eckige Kofferfische, runde Kugelfische, schlanke Lippfische und hochrückige Engelfische. Als Lebensformtypen des Riffs ist den meisten dieser Fische gemeinsam, daß sie äußerst manövrierfähig sind. Sie können schnell die Richtung wechseln, anhalten, am Ort wenden und geschickt zwischen Korallenästen durchschlüpfen. Außerdem sind viele überraschend bunt.

Farbe als Signal

Diese auffälligen Färbungen entwickelten sich meist im Dienste der Arterkennung. So, wie die Flaggen der Schiffe die Nationalität signalisieren, der sie angehören, so signalisieren die Fische ihre Artzugehörigkeit, und Artgleiche erkennen einander an ihren Zeichen. Allerdings hat nicht jedes uns auffallende Zeichnungsmuster diese Funktion. So tragen viele Fische am Kopf eine auffällige dunkle Binde, die über das Auge geht. Das sind Tarnbinden, die das Auge verbergen. Viele der schon erwähnten Säbelzahnschleimfische greifen nämlich die Augen an – Experimente von Wickler ergaben, daß die Tarnung die Augen schützt. Zahlreiche Fische entwickelten zusätzlich einen ablenkenden Augenfleck unterhalb der Rückenflosse, der die Angriffe dieser Räuber auf sich zieht. Es gibt ferner, so erstaunlich dies zunächst klingen mag, auch eine verbergende Buntheit. Die Barsche *Epinephelus itajara* (Abb. 71) und *Cephalopholis miniatus* sind über und über mit Tüpfelchen versehen. Die Musterung fällt uns auf, allerdings haben selbst wir zunächst Schwierigkeiten, in dem Gewimmel der Flecken den Fisch klar wahrzunehmen. Die Körperform des Räubers wird gewissermaßen aufgelöst, und darin liegt der Vorteil. Zahlreiche Fische vermögen sich durch Farbwechsel anzupassen und sogar zu ›verständigen‹.

Sandanpassungen

Eine ganz andere Lebensgemeinschaft beherbergen die Sandflächen. Sie sehen auf den ersten Blick recht unbewohnt, fast wüstenhaft aus. Erst bei näherem Hinsehen bemerkt man Trichter und Löcher, in denen sich die verschiedensten Tiere verbergen. Da der Sand an seiner Oberfläche keinen Schutz bietet, haben die meisten Sandbewohner die Fähigkeit entwickelt, sich im Sand zu vergraben. Manche wühlen zeitlebens im Sand, so die verschiedenen Seeigel und Schnecken. Andere wieder hausen in Röhren. Da gibt es Würmer, die von ihrem Wohnloch aus lange, klebrige Tentakeln wie Leimruten nach allen Seiten auf der Sandoberfläche ausbreiten. Nahrungspartikel bleiben daran kleben, und von Zeit zu Zeit lutscht der Wurm seine Fangarme ab. Ein Vielborster haust in einer U-förmigen Röhre und erzeugt mit flossenartigen Körperanhängen einen Wasserstrom, in diesen hält er ein Schleimnetz, dessen Ertrag er von Zeit zu Zeit ableckt.

Während die im Sand lebenden Tiere zahlreich sind, ist die Lebewelt der Sandoberfläche eher ärmlich. Hier sind Seesterne, Seegurken, Fechterschnecken und eine Reihe sandfarbener Fische zu finden. Viele sind flach wie die Zungen und Schollen. Andere bauen sich Röhren, die sie wie Brunnenschächte mit Steinchen verfestigen. Mich haben gerade diese Sandanpassungen besonders interessiert, und ich habe sie daher bei den Nikobaren und Malediven aufmerksam studiert. Besonders an Regentagen, wenn die Ausflüge ins Riff nicht lohnten, suchten wir den flachen Sand- oder Schlammboden an unserem Ankerplatz ab. Wir erlebten da immer neue Überraschungen. Einmal sahen wir ein ganzes Feld von pfenniggroßen Einzelkorallen, die sich auf der Sandoberfläche fortbewegten; eine nähere Untersuchung ergab, daß sie mit einem Wurm zusammenlebten, der sie voranschob und so verhinderte, daß die kleine Koralle vom Sand verschüttet wurde. Der Wurm hatte dafür in der Koralle einen schützenden Partner, er bewohnte nämlich eine Röhre in ihrem Kalkskelett. Ein anderes Mal stieß ich auf ein Feld von Seeigeln. Mit jedem schwamm ein Schwarm von Kardinalfischen. Bei Gefahr verbargen sich die Fische zwischen den Stacheln des Seeigels, den sie – quasi als Gegenleistung – säuberten. Noch ein anderes Schutz- und Trutzbündnis entdeckten wir: Grundeln, die mit einer Garnele lebten. Die Garnele schaffte wie ein Schaufelbagger den Sand weg und grub so eine Höhle, die beide nutzten. Die Grundel warnte als Gegenleistung bei Gefahr. Die merkwürdigste Sandanpassung entdeckten wir jedoch in den Röhrenaalen. Als ich sie zum erstenmal sah, meinte ich, ein Algenfeld vor mir zu haben. Erst bei näherem Hinschauen und als sich die Fische langsam schwanzvoran in ihre Röhren zurückzogen, erkannte ich, daß ich hier eine richtige Aalwiese vor mir hatte. Jeder Aal steckte mit dem Schwanz in einer Röhre. Ungestört ragte er ins freie Wasser hinaus, wo er fischte.

Typische Riffbildungen

Es gibt verschiedene Korallenriffbildungen. Um Inseln und Kontinente wachsen Saumriffe. Fällt die Küste steil ab, dann können sich die Korallen bereits in Ufernähe üppig entfalten. An flachen Küstenstellen dagegen ist die seichte Zone sandig oder durch Kalkalgen zu einer Felsplatte verfestigt. Wegen der starken Wasserbewegung gedeihen auf dieser Riffplatte nur knollige, gedrungene Korallenarten. Die seichte Region endet oft abrupt an einem Kalkalgenwall, hinter dem eine mit Korallen bewachsene Böschung steil ins Tiefe abfällt. Der Kalkalgenwall ist von Kanälen durchbrochen, durch die das Wasser beim Gezeitenwechsel von der Seichtwasserzone abfließt. Der Riffabfall ist in den ersten 20 m üppig mit Korallen bewachsen. Der Korallenwuchs nimmt dann schnell ab. In 40 m Tiefe findet man meist nur noch vereinzelte Stöcke in einer Schutthalde von Korallentrümmern.
Sinkt eine Insel im Lauf der Zeit tiefer, dann rückt das lebende Korallenriff weiter von der Küste weg, denn die Korallen wachsen an der dem Meer zugewandten Seite am üppigsten. So wird das Riff schließlich zu einer der Küste vorgelagerten Felsbarriere (Barriere-Riff, Abb. 2). Versinkt die Insel ganz, dann bleibt nur dieses Barriere-Riff als Riffring erhalten. Es entstand jene Bildung, die wir als Atoll bezeichnen. Der Riffring umschließt eine Lagune, die bei großen Atollen über 40 m tief sein kann (Abb. 1). Ihr Boden ist mit Sand und Schlick bedeckt, doch können auch Korallenblöcke auf seinem Grund wachsen. Der Riffring ist an einigen Stellen von Riffkanälen durchbrochen, durch die das Wasser der Lagune mit dem Gezeitenwechsel

zu- und abfließt. Bei Stürmen wird auf der Riffplatte Korallengeröll aufgeworfen, und kleine Inseln entstehen, auf denen schließlich auch Landlebewesen Fuß fassen können. Auf den Malediven haben wir solche Inseln in allen Stadien ihrer Entstehung untersuchen können. Eine hat sich mir unvergeßlich in die Erinnerung eingeprägt. Die bei Flut freie Landfläche betrug etwa 10 × 7 m. Winzig, wie verloren, lag das Inselchen in der blauen See. Ihr Korallengeröll war scharfkantig und dunkel, wie verbrannt von der Sonne, Kokosnußschalen, Treibholz, die Hornskelette von Lorgonien lagen als Wall um die Insel aufgehäuft. Sonst war sie völlig öd, nur in ihrer Mitte blühte ein einsamer kleiner Strauch, ein Pionier der Landflora. Ich schaute ihn mir an und fand, daß bereits einige Raupen an seinen Blättern fraßen. An seinem Stamm entdeckte ich einen kleinen Käfer, und in dem halbverrotteten Laub fand ich ein paar Spinnen. Der Busch war eine kleine Insel auf der Insel – eine Insel des Landlebens. Mir hat dieser kleine Busch damals oft Schatten gespendet, wenn ich mich von meinen langen Tauchabstiegen ausruhte.

Die Höhlen der Malediven

An einem Atoll können wir ein seeseitiges Außenriff von einem lagunenseitigen Innenriff unterscheiden. Die Innenriffe sind oft zierlich, da heftige Wasserbewegungen fehlen, außerdem finden wir gegen das Ufer zumeist eine ausgedehnte Sandzone. Für das Außenriff gelten die bereits geschilderten Verhältnisse. Bei den Malediven fielen die Außenriffe oft als steile Wände in die Tiefe. In 40 m Tiefe entdeckten wir wiederholt geräumige Höhlen. Man trifft solche auch in anderen Meeresgebieten an, z. B. in der Karibischen See. Wahrscheinlich handelt es sich um Brandungskehlen aus der letzten Eiszeit. Damals war der Meeresspiegel um viele Meter gesenkt, da gewaltige Wassermengen in den Eiskappen gebunden waren. Die Höhlen der Malediven waren recht eindrucksvoll. Tauchte man mit einer Lampe, dann erblickte man eine überaus farbenprächtige Welt. Die Wände waren mit gelben, roten und violetten Schwämmen ausgekleidet. Venusfächer mit Haarsternen und blasse Lederkorallen schmückten den Höhlenrand. Im Höhleninneren wimmelte es oft von roten Husarenfischen, zwischen denen dicke Zackenbarsche standen. Und in den engeren Spalten saßen zu Dutzenden schmackhafte Langusten!
Vom Lagunenboden der Maledivenatolle wuchsen oft Korallenpilze hoch. Erreichten sie die Oberfläche, dann gingen sie in die Breite. Mit zunehmender Größe verödete das Zentrum. Die Korallen starben ab, versandeten, und es entstanden atollartige Bildungen. Wir lernten damals, daß Atolle nicht nur aus den Saumriffen versinkender Inseln entstehen, sondern auch heranwachsen. Hass hat diese Art der Atollbildung untersucht und meines Wissens als erster beschrieben.

Pioniere der Meeresforschung

Beim Durchblättern der Bilder zu diesem Buch wurde mir klar, welchen erstaunlichen Fortschritt sowohl die Unterwasserfotografie als auch die Tauchtechnik in den letzten 20 Jahren gemacht haben. Dabei ist es noch gar nicht so lange her, daß die tropischen Meere wegen der zahlreichen Haie für einen ungeschützten Schwimmtaucher als unbetretbar galten. Hans Hass brach als erster den Bann, als er 1939 mit Alfred Wurzian und Jörg Böhler in der Karibischen See bei Bonaire und Curaçao tauchte. Er lernte dort, daß man vor Haien nicht davonschwimmen darf, da man sonst deren Beutefangreflex auslöst. Man muß den Hai erwarten und notfalls durch einen Stoß mit der Harpune – es genügt meist die schnelle Bewegung – verscheuchen. Schwimmt man ihm entgegen, dann treibt man ihn leicht in die Flucht. Auch reagieren einige Arten auf unter Wasser ausgestoßene Schreie. Wir haben uns auf allen Tauchexpeditionen nach diesen Erfahrungen gerichtet, und nur selten mußten wir weichen. In meinem Buch ›Im Reich der tausend Atolle‹ berichte ich ausführlich über unsere Experimente mit Haien. Ich schließe mich auch der Meinung von Hass an, der den Hai als das formvollendetste Geschöpf der See ansieht. Auch in den Bewegungen dieser Tiere liegt eine Kraft, gepaart mit einer unübertrefflichen Anmut. – Hans Hass brachte aus der Karibischen See zahlreiche gute Unterwasseraufnahmen mit, die auch verhaltenskundlich bemerkenswerte Dokumente enthalten, so die sensationelle Serie vom reitenden Trompetenfisch, der knapp über dem Rücken großer Fische mitschwimmt und sich so getarnt an kleine Beutefische anschleicht.

Durch die Initiative von Hans Hass und unabhängig in Frankreich von Jacques-Yves Cousteau wurden die Tauchtechnik und die Unterwasserfotografie rasch weiterentwickelt. Der 12. Juli 1942 war ein entscheidender Tag in der Geschichte der Schwimmtaucherei. Hans Hass stieg damals bei der griechischen Insel Ari Ronisi als erster Fischmensch mit einem Schwimmtauchgerät unter Wasser. Er verwendete ein Sauerstoffgerät der Firma Draeger. Im folgenden Jahr, 1943, erprobte Cousteau ein Schwimmtauchgerät, bei dem statt Sauerstoff Preßluft geatmet wurde. Es erwies sich in der Folge als sicherer und eroberte als ›Aqualunge‹ die Welt. Hass führte die neue Technik als wissenschaftliche Arbeitsmethode ein, und heute tauchen in aller Welt Wissenschaftler der verschiedensten Disziplinen. Die Meeresforschung erhielt mit der neuen Tauchtechnik entscheidende Impulse. Hans Hass hat aber nicht allein die Tauchtechnik und die Unterwasserfotografie vorangetrieben. Er begeisterte durch seine Forschungen viele junge Menschen für die Unterwasserjagd. Nur, während er sich mit einfachen, von Hand gelenkten Harpunen an die Fische heranpirschte, gehen die heutigen Unterwasserjäger oft mit Preßluft-, Gummi- und Federzugharpunen auf Jagd, und da bleibt den Fischen kaum eine Chance. Ein Zackenbarsch, der in seiner Höhle sitzt, läßt ja einen Taucher ganz nahe herankommen. Ihn dann mit einer Preßluftharpune abzuschießen, ist keine Kunst. Hass erschrak, als er vertraute Jagdgründe nach Jahren besuchte: Er schwamm durch verödete Riffe.

Rettet das Korallenriff

Das Meer ist nicht unerschöpflich. Große Fische, wie Zackenbarsche, sind nur in größeren Abständen über ein Riff verteilt, und bei systematischer Jagd werden die großen Fische eines Riffs sehr schnell ausgerottet. Heute sind bereits weite Uferstrecken des Mittelmeers zu öden Felswüsten ausgeschossen, und in manchen tropischen Riffen findet man gerade noch spannenlange Fischchen. Hans Hass, der sich für die Entwicklung mitverantwortlich fühlt, hat gerade ein Manifest gegen die Unterwasserjagd veröffentlicht. Ebenso finden die Appelle des Franzosen Cousteau für die Reinhaltung der Ozeane und den Schutz ihrer Fauna weltweite Beachtung. Mechanische Unterwasserwaffen sollen überall verboten werden. Man wird das für undurchführbar halten. Ein solcher Schritt bedeutet zunächst geschäftliche Einbußen für die Hersteller. Es ist jedoch zu bedenken, daß mehr auf dem Spiel steht. Der Tauchsport verliert viel von seinem Reiz, wenn die Fischbestände zerstört werden. Das bedeutet, daß dann weniger Unterwasserkameras, Tauchgeräte und dergleichen mehr verkauft werden. Außerdem soll die sportliche Unterwasserjagd mit dem Handspeer bis auf weiteres gestattet bleiben. Sie ist schwierig, und der Fisch hat gute Chancen zu entkommen. In Berlin haben vor kurzem bei einer Veranstaltung die versammelten Sporttaucher demonstrativ ihre mechanischen Harpunen abgelegt. Dieses Beispiel sollte Schule machen, damit sich auch unsere Kinder und Enkel an der Schönheit der Unterwasserwelt begeistern können! Es gilt, das Verständnis für die Lebenszusammenhänge im Meer zu fördern, denn was wir verstehen und bewundern, möchten wir erhalten. Diesem Anliegen dient dieses Buch.

Irenäus Eibl-Eibesfeldt

Die Riffzonen und ihre Bewohner

Baumeister der unterseeischen Rifflandschaften, die – wie das
2000 Kilometer lange Barriere-Riff vor Australien – gewaltige
Dimensionen annehmen können, ist der winzige Korallenpolyp. Er
hat die bizarre Rifflandschaft geformt, deren einzelne Zonen von
einer Fülle von Tierarten besiedelt werden. Die Lebensräume
des Riffs, an deren Bedingungen sich die Meerestiere in verschiedener
Form angepaßt haben, bieten dem Verhaltensforscher ein
reiches Betätigungsfeld.

16 Riffzonen. Lange Saumriffe erstrecken sich, wie hier auf der Sinaihalbinsel, entlang der Küste des Roten Meeres. Sie bestehen meist aus Gezeitenzone, sandigen Lagunen, breitem Riffdach und dem Steilabfall zum offenen Meer hin. Alle hier vorkommenden Lebewesen sind in Körperbau und Verhalten mannigfaltig diesen Zonen angepaßt.

◁17 An der Strandzone des Roten Meeres sieht man Kolonien aufgeworfener Sandkegel, die von den männlichen Reiterkrabben (Ocypode saratan) erbaut wurden. Diese Sandpyramiden sind soziale Signale für den Artgenossen und dienen der Orientierung ihrer Besitzer.

18 Die männliche Reiterkrabbe trägt den Sand aus einer spiralig gewundenen Höhle heraus und lädt ihn an der Spitze der Pyramide ab. Die Bauaktivität der Krabben beginnt im Frühjahr bei Anbruch der Fortpflanzungszeit, denn die Pyramiden sollen als Balzsignal vor allem Weibchen anlocken. Gleichzeitig schrecken sie als ›erstarrte Imponiersignale‹ andere männliche Reiterkrabben ab.

19 Die Stielaugen der Reiterkrabbe können seitwärts in eine kleine Ausbuchtung des Panzers eingeklappt werden.

18

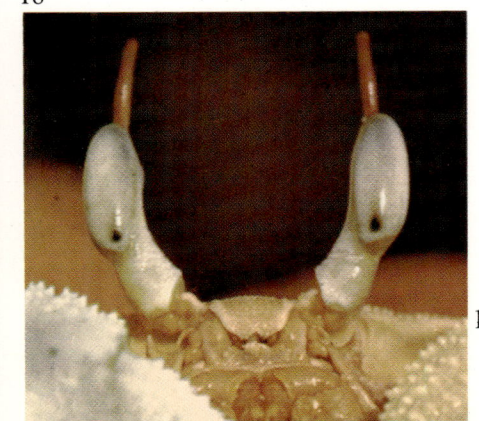

19

23

20

20 Bewohner der Spritzwasser- und Gezeitenzone. Der Schlangenstern (Ophiocoma scolopendrina) ist pionierhaft an Land gegangen und bewohnt Wasserpfützen in der Gezeitenzone. Mit seinen langen beweglichen Armen zupft er Algen vom Boden ab oder sammelt an der Wasseroberfläche dahintreibende Nahrungspartikeln.

◁ 21 In felsigen Vertiefungen haben sich Käferschnecken (Chiton) angesiedelt, ihre Körperform paßt genau in die Felslöcher hinein. Die Schnecken saugen sich fest, um während der Flut nicht weggespült zu werden.

◁ 22 Viele Schnecken, wie hier die Porpita von den Bahamas, besiedeln die felsigen Trottoire der Gezeitenzone. Sie raspeln mit ihren Mundwerkzeugen die algenbewachsenen Felsen ab.

23 Am Roten Meer kommt die Schnecke Planaxis sulcatus vor. Sie bildet auffällige Massenansammlungen, die bei Hochwasser im Brandungsbereich vor Verfrachtung und bei Niedrigwasser vor Austrocknung schützen sollen – eine Anpassung zum Überleben in der Gezeitenzone.

24 An Gesteinen der Gezeitenzone leben in Kolonien festsitzende Manteltiere (Botryllus), deren gallertartige Körperoberfläche sie bei Ebbe vor Austrocknung schützt.

24

◁ 25 Das Riffdach fällt bei Niedrigwasser trocken. Es bricht zum Meer hin steil ins tiefere Wasser ab. Landwärts sterben seine Korallen langsam ab, zerbröckeln und werden zu Sand.

26 Seepferdchen (Hippocampus), Bewohner der Algenwiesen, klammern sich mit ihrem beweglichen Schwanz fest. Sie sind ein Kuriosum unter den Fischen, denn bei ihnen bringen die Männchen die Jungen zur Welt.

27 Ein typischer Bewohner des Riffdachs ist der Seebader oder Doktorfisch (Acanthurus sohal). Er kommt nur im Roten Meer vor.

28 In flachen sandigen Lagunen oder auch in der Sand- und Schlickzone leben die mit den Seeigeln und Seesternen verwandten Seegurken (Holothurien).

29 Die Riesenmuschel (Tridacna) schließt ihre Schalen, sobald ein Schatten über sie hinweggleitet – eine Anpassung gegen den Freßfeind. Am Barriere-Riff erreichen diese Muscheln eine Schalenlänge von 1,5 m und ein Gewicht von 200 kg.

26

27

28

29

31

33

34

30 Hinter dem Riffdach fällt das Riff steil ab. In den oberen Bereichen wachsen Korallen besonders üppig. Typische Bewohner dieser Zone sind Anthias-Barsche.

31 Der Schleimfisch (Fam. Blenniidae) sitzt, farblich dem Felsen gut angepaßt, versteckt in kleinen Nischen. Andere Arten besiedeln leerstehende Röhren von Vielborstern oder nisten sich in Korallenspalten ein.

◁ 32 Die Purpurnacktschnecke (Fam. Aeolidiacea) schreckt vermutlich durch ihre auffällige Färbung Freßfeinde ab. Einige Arten fressen sogar die Nesselzellen von Hohltieren und verteidigen sich mit diesen gestohlenen Waffen.

33 Auch Seesterne, hier ein Protoreaster, kommen in den verschiedenen Zonen des Riffs vor. Viele von ihnen leben räuberisch und überfallen besonders gern Muscheln. Während viele Arten lichtscheu sind und versteckt sitzen, leben andere in hellen, lichtdurchfluteten Gebieten.

35

37

34 Am Riffabfall gedeiht auch die Feuerkoralle (Millipora). Sie ist keine echte Koralle, sondern gehört zu den koloniebildenden Hydrozoen. Die Berührung dieser Pseudokoralle verursacht heftige Schmerzen und kann zu starkem Nesselfieber führen.

35 Die Hirn- oder Neptunskorallen, hier Platygyra lamellina, haben ihre Körperoberfläche vielfach durch Windungen vergrößert, um die stoffwechselaktiven Flächen zu vermehren. Größere Oberfläche bedeutet mehr Kalkablagerung und damit schnelleres Wachstum.

◁ 36 Eine Rindenkoralle der Karibischen See wird von einem Hydro-zoenpolypenstock (Pennaria) besiedelt. Die Polypen der Koralle wie auch der Hydrozoe ernähren sich von Plankton, das sie mit ihren Tentakeln einfangen. Der Planktonreichtum ist nachts am Riff größer als tagsüber, daher sind die meisten wirbellosen Planktonfänger nachtaktiv geworden.

37 Die Polypen der Weichkoralle (Sarcophyton ehrenbergii) aus dem Roten Meer strecken ihre Fangarme meist nachts ins Wasser hinaus. Die Tentakeln ziehen sich bei Berührung sofort in den Körper der Weichkoralle zurück. Diese schnelle Kontraktion schützt den Korallenpolypen vor dem Freßfeind.

38

39

40

41

42

40 Viele höhlenbewohnende Fische, wie hier einige Schnapper in der Blauen Höhle auf den Bahamas, orientieren sich immer mit der Bauchseite zur Höhlenwand, denn das fehlende Licht setzt den Lichtrückenreflex der Fische außer Kraft. So kommt es, daß einige mit dem Bauch zur Höhlendecke schwimmen.

41 In tieferen, dunklen Höhlen des Riffabfalls leben Langusten (Panulirus). Sie verlassen erst in der Nacht ihre sicheren Verstecke und kriechen dann sogar zum Riffdach empor.

38 Der Husarenfisch (Holocentrus rufus) bewohnt die Spalten- und Höhlensysteme des Riffabfalls. Er kann Laute erzeugen, die selbst der Taucher unter Wasser wahrnimmt.

39 Die Dornauster (Spondylus sp.) lebt in Nischen und schließt – wie die Tridacna-Riesenmuscheln –, sobald ein Schatten auf sie fällt, ihre Schalen.

42 Auch Schwämme sind Dunkelzonenbewohner. Oft werden sie von anderen Tieren, wie hier von Nacktschnecken, besiedelt. Auch ihr vielfach aufgekammertes Körperinnere bietet ideale Wohnmöglichkeiten.

43 Viele Rifflandschaften, wie hier auf den Bahamas, werden von Rindenkorallen, Hornkorallen und Gorgonenkorallen gebildet. Die Vielfalt der Korallenwelt bietet den verschiedensten Lebewesen Nahrung und Zuflucht.

43

45

46

◁ 44 Anpassung an die Sand- und
Schlickzone. Der Röhrenaal (Gorgasia
sillneri) besiedelt im Roten Meer
sandige, in der Strömung gelegene
Böden. Die Tiere fischen Plankton und
sind im Körperbau und im Verhalten
an ihre Lebensweise angepaßt.

45 Auf sandigen oder schlickigen
Böden sind bis zu 1 m hohe Pyramiden
zu finden, die durch ein Röhren-
system mit einem Trichter in
Verbindung stehen. Der Bewohner
dieses Röhrensystems konnte noch
nicht gefangen werden.

46 Der giftige Rochen (Dasyatis
lymma) lebt auf Sandböden vor dem
Riff. Um auf diesen deckungslosen
Flächen vor Räubern geschützt zu sein,
haben viele Sandzonenbewohner ein
spezialisiertes Fluchtverhalten
entwickelt, oder sie vermeiden durch
flache Körperform einen auffälligen
Schatten und tarnen sich zusätzlich.

47 Der Sandtaucher (Gunellichthys
monostigma) hat sich eine Röhre in
den Sand gebaut, in die er kopfüber bei
Gefahr hineinflüchtet. Beim Fressen
steht er im freien Wasser und fischt
Plankton aus der Strömung.

Baumeister des Korallenriffs

Das Tauchgerät auf dem Rücken, schwimme ich einen Riffabhang an der Küste des Roten Meeres hinab. Und obwohl ich das in gleicher Weise viele Male getan habe, bin ich doch immer von neuem überrascht und fasziniert von der ungeheuren Vielfalt und Schönheit der Landschaft, die sich unter mir ausbreitet. Ich gleite über unterseeische Städte hinweg mit steinernen Gärten, schlanken Minaretten, runden Kuppeln und bizarren Türmen. Phantastische Gebilde sind da zu sehen: gigantische Pilze, wuchtige Knollengewächse, daneben zarte Fächer, die an Farne erinnern. In diesem von der Natur geschaffenen Zauberreich flitzen groteske Gestalten umher, deren Buntheit ein grünblauer Hintergrund noch steigert. Unmöglich, sich einzelne Fische aus diesem Gewirr merken zu wollen! Immer wieder huschen andere durch mein Blickfeld und verschwinden in den Spalten des Riffs.

Die Lebensgrundlage für dieses bunte Treiben bilden die Korallenbauten, die in einer gewaltigen kollektiven Leistung durch die Arbeit winziger Polypen entstanden sind. In Jahrtausenden formten diese kleinen Baumeister des Meeres Atollringe, breite Wallriffe oder lange Küstensaumriffe wie hier im Roten Meer. Korallenpolypen haben das große Barriere-Riff von Australien gebaut – ein Riff von 2000 km Länge, von stellenweise 150 km Breite und einem Steilabfall zum offenen Meer von fast 2000 m Tiefe. Wie konnten diese winzigen Lebewesen eine so ungeheuer große und vielfältige unterseeische Landschaft gestalten?

Jedes Korallenstück besteht aus einem toten Kalkskelett, das von einer Schicht lebender Substanz – den Korallenpolypen – überzogen ist. Die Polypen scheiden fortwährend Kalk ab und vergrößern so den Korallenstock. Dazu sind jedoch nur die Steinkorallen *(Madreporen)* fähig; die vielen bunten Weichkorallen, die ebenfalls zur Landschaft des Riffs gehören, können kein Kalkskelett herstellen.

Der Korallenpolyp besteht aus einem mehrschichtigen Schlauch, der an einem Ende durch eine Fußplatte, am anderen durch eine Mundscheibe abgegrenzt ist. Die Mundscheibe umgeben viele kleine Tentakeln, mit denen der Polyp Plankton fängt.

Der Polyp, ein sehr einfach organisiertes Wesen, hat keine spezialisierten Organe für Atmung, Kreislauf und Ausscheidung. In der vielfach gekammerten Leibeshöhle wird die Nahrung aufbereitet, verteilt und über den Mund wieder ausgeschieden. Trotz des primitiven Aufbaus ist der Korallenpolyp ein sehr anspruchsvoller Organismus.

Die Lebensbedingungen des Polypen

Der Polyp benötigt für sein Wachstum sauberes und warmes Wasser von mindestens 20 °C. Außerdem braucht er viel Sauerstoff, den er hauptsächlich im flachen, bewegten Wasser vorfindet. Werden durch Süßwassereinfluß gelöste Stoffe und Schmutz ins Meer getragen, hören die Korallen auf zu wachsen oder sterben ab. Auch Temperaturwechsel, Lichtmangel und sich langsam absetzende Partikeln können den Tod des Polypen bedeuten. Die meisten Polypen reinigen sich selbst und entfernen mit kleinen Wimpern alle auf ihre Körperoberfläche auftreffenden Fremdstoffe. Als man 1969 entlang der Küste der Sinai-Halbinsel im Golf von Akaba eine asphaltierte Straße baute und dabei große Mengen von Staub, Sand und andere Schmutzstoffe ins Meer gerieten, stellten viele Korallen nach einiger Zeit ihr Wachstum ein, oder sie starben. Bei einer solchen Schmutzzufuhr reichte die Selbsthilfe des Polypen nicht aus.

Die Bildung des Kalkskelettes

Der Korallenpolyp scheidet den Kalk (Calciumcarbonat) an den Außenflächen seiner Fußscheibe ab. Das Calcium befindet sich als lösliches Ion im Meerwasser. Wissenschaftler haben mit radioaktiv markiertem Calcium den Nachweis erbracht, daß der Polyp das für die Kalkabscheidung notwendige Calcium aus dem Meerwasser entnimmt. Wie der Polyp allerdings aus dem löslichen Ion festen kristallinen Kalk herstellt, ist noch nicht genau bekannt.

Die Geschwindigkeit der Kalkablagerung ist bei den einzelnen Korallenarten verschieden, sie hängt in starkem Maße vom Licht ab. Nach Goreau verläuft sie am schnellsten mittags bei klarem Sonnenschein und sinkt bei Bewölkung um 50 %, bei Dunkelheit um 90 %.

Korallen können am Tag etwa 10 g Kalk pro Quadratmeter Polypenfläche produzieren. Dafür sind erhebliche Energiemengen vonnöten, die aus dem Stoffwechsel des Polypen kommen müssen. Korallenforscher haben versucht, die Intensität des Stoffwechsels verschiedener Korallenarten zu bestimmen. Als meßbaren Anzeiger verwendeten sie den Sauerstoffverbrauch des Polypen. Dabei ergab sich, daß die Stoffwechselintensität eines Polypen höher ist als bei einem ruhenden Menschen. Ein Mensch benötigt in einer Stunde für jedes Gramm seines Körpers etwa 8 mg Sauerstoff, der Durchschnittswert der Korallen liegt bei 20 mg. Damit übertrifft das einfach aufgebaute System eines Korallenpolypen das eines hochorganisierten Wirbeltieres. Das veranschaulicht, welch erhebliche Mengen Energie der Polyp beim Aufbau der Koralle umsetzen muß.

Die Energiespender des Stoffwechsels

Lange Zeit glaubte man, daß der Korallenpolyp die Stoffwechselenergie aus der Verarbeitung planktonischer Nahrung gewinnt. Auf seinen Tentakeln befinden sich komplizierte Fang- und Schußmechanismen, die speziell zum Planktonfang entwickelt wurden: Kleine, spiralig aufgewundene Pfeile schnellen bei der leisesten Berührung wie eine Sprungfeder aus den sog. Nesselzellen hervor und bohren sich in das Opfer ein. Gleichzeitig wird ein Gift ausgeschieden, das die Beute lähmt. Da das Plankton besonders zahlreich in der Nacht auftritt, sind die meisten Korallenpolypen nachtaktiv geworden.

Neuere Experimente zeigen, daß sich der Polyp nicht ausschließlich vom Plankton ernährt und daß bestimmte Korallenarten sogar ganz ohne Plankton auskommen. Als man nämlich aus dem Meerwasser alles Plankton herausfiltrierte, wuchsen einige Arten trotzdem weiter. Wir wissen heute, daß das Wachstum der Korallen von einzelligen Algen abhängt, die im Weichkörper des Polypen leben. Es sind Algen aus der Gruppe der Dinophyceen, die durch Photosynthese aus Sonnenlicht Sauerstoff und Kohlenhydrate herstellen, die dem Polypen zugute kommen. Dabei verarbeiten die Algen das bei der Atmung des Polypen entstehende Kohlendioxyd und auch stickstoffhaltige Stoffwechselprodukte. Ohne Sonnenlicht können diese symbiontischen Algen deshalb nicht existieren. Als man Korallen in dunklen Aquarien hielt, stellten alle Arten mit symbiontischen Grünalgen ihr Wachstum ein, algenfreie Korallen jedoch nicht.

In den letzten Jahrzehnten sind viele Korallenforscher über die Bedeutung der Algen für die Ernährung des Korallenpolypen zu recht widersprüchlichen Meinungen gekommen. Man stellt sich die Frage, wozu eigentlich Korallen so komplizierte Planktonfangmechanismen entwickelt haben, wenn sie das Plankton für die Energiegewinnung nicht unbedingt benötigen. Es gibt Hinweise, daß Korallen den für ihren Stoffwechsel lebensnotwendigen Phosphor nicht in gelöster Form aus dem Meerwasser entnehmen, sondern ihren Bedarf aus kleinen Mengen Zooplankton decken können. (Zooplankton = tierisches Plankton, im Gegensatz zum Phytoplankton = pflanzliches Plankton.) So wäre letztlich doch wieder das Plankton unentbehrlich und mit ausschlaggebend für das Überleben der Koralle. Die Forschungen über dieses interessante Gebiet des Stoffwechsels von Polyp und Grünalge sind noch in vollem Gange, und erst wenn die Stoffwechselmechanismen besser bekannt sind, werden wir die Bedeutung des Planktons und der Algen für die Ernährung des Polypen richtig einschätzen können. Eines ist jedoch gewiß: Ohne Mithilfe der Grünalgen hätten sich keine Korallenriffe gebildet.

Wie ein Korallenstock entsteht

Verfolgen wir nun einmal die Lebensgeschichte eines Korallenpolypen. Der Polyp kann sich ungeschlechtlich durch Zellteilung, geschlechtlich durch Verschmelzung von männlichen und weiblichen Keimzellen fortpflanzen. Einige Korallen sind Zwitter, sie enthalten beide Anlagen zugleich. Die reifen Geschlechtszellen werden innerhalb oder außerhalb des Körpers befruchtet. Aus den befruchteten Eiern werden kleine freischwimmende Larven, die durch die Wasserströmung über weite Strecken fortgetrieben werden. Wenn sie geeigneten Untergrund finden – das ist meist ein bereits vorhandenes Riff –, setzen sie sich fest und bilden sich schnell zu einem kleinen Polypen um. Wie die Larve einen für sie passenden Untergrund erkennt, blieb bisher unerforscht.

Der junge Polyp wächst nun schnell heran. Er scheidet intensiv Kalk aus und baut damit um sich herum zuerst einen becherförmigen Wall auf. In dieses Außenskelett kann er sich zurückziehen, darin ist er vor seinen zahlreichen Feinden – Fischen und Invertebraten (Wirbellosen) – geschützt. Aus dem einführenden Kapitel von Eibl-Eibesfeldt wissen wir bereits, daß die Fußplatte des Polypen an sechs Stellen durch radiär abgesonderte Kalkstreifen verdickt wird und daß diese Streifen (Septen) in den großen Magenraum des Polypen hineinragen. Der Polyp scheidet bei einer bestimmten Höhe der Septen eine neue Fußplatte ab, so daß eine weitere Etage entsteht.

Der ausgewachsene Polyp teilt sich nun auf ungeschlechtlichem Weg; in seiner Nachbarschaft entstehen neue Polypen, die sich wieder ungeschlechtlich vermehren können. Sie alle formen schließlich den Korallenstock, der in die Höhe wächst. Es gibt jedoch auch einige Korallen, die nur von einem einzigen Polypen gebaut werden, wie etwa die Pilzkoralle *Fungia,* die überall im Indopazifik vorkommt.

Zu bestimmten Zeiten bilden die Polypen wieder Geschlechtszellen, und Schwärme kleiner Larven treiben über das Riff hinweg – der Zyklus zwischen geschlechtlicher und ungeschlechtlicher Fortpflanzung ist geschlossen.

Größe und Wachstum der Korallen

Eine Koralle wächst nicht ins Unermeßliche weiter, sondern erreicht eine bestimmte maximale Größe. So messen die halbkugelförmigen Hirnkorallen 2 m, die großen Madreporenplatten 3 m im Durchmesser, während Gorgonenfächer 3–5 m und die massiven Poritesstöcke sogar 6–8 m hoch werden können.

Wracks gesunkener Schiffe bieten ideale Möglichkeiten, die ungefähre Wachstumsgeschwindigkeit der Koralle zu bestimmen, vorausgesetzt, daß man das Untergangsdatum des Schiffes kennt. Die Acropora-Korallen wachsen 10–25 cm im Jahr; massive Porites- und Hirnkorallen dagegen nehmen im Durchmesser nur 1 cm im Jahr zu. Bei Messungen der Gewichtszunahme eines Korallenstockes zeigte sich, daß massive Korallen die geringste Zunahme pro Jahr aufweisen. Je größer die Oberfläche der Korallen beziehungsweise je lockerer und poröser das Skelett, desto höher ist die Wachstumsrate. Messungen ergaben, daß Pocillopora- und Porites-Arten 100–200 %, manche Acropora-Arten 400 % und Montipora sogar bis zu 1200 % Gewichtszunahme im Jahr haben. Eine Koralle wird in der Besiedlung des Riffs erfolgreicher als andere Arten sein, je schneller sie Kalk ausscheidet und je intensiver sie ihren Stoffwechsel betreibt, also je leistungsfähiger ihre Polypenkolonien sind. Außerdem kann die Koralle bei großer Körperoberfläche mehr Kalk abscheiden. Die Windungen einer Hirnkoralle oder die vielfach verzweigten Arme einer Acropora dienen also dazu, die stoffwechselaktive Oberfläche zu vergrößern, um schneller wachsen zu können. Am weitesten verbreitet sind im Riff die stammesgeschichtlich jungen Korallenarten: Sie konnten sich durch ihre leistungsfähige Ausrüstung am erfolgreichsten im Konkurrenzkampf mit anderen Arten behaupten. Allerdings sind mit solchen Spezialisierungen auch gewisse Gefahren verbunden. Bei ungünstigen Umweltbedingungen sind es gerade diese neueren Korallenarten, die als erste absterben. Einzelpolypen mit weniger intensivem Stoffwechsel sind anspruchsloser und bedeutend widerstandsfähiger. Sie kommen deshalb auch in den Gebieten innerhalb des Riffs vor, die von den schnellwachsenden Korallen nicht mehr besiedelt werden können.

Erst in jüngster Zeit beobachteten amerikanische Wissenschaftler, wie Polypen ihnen benachbarte andere Korallenarten auffraßen: Nach der Berührung mit den Tentakeln stülpten sie aus dem Körperinneren spezielle, Verdauungssäfte enthaltende Fäden über ihren Nachbarn und fraßen ihn allmählich auf. An den Kontaktstellen der Polypen entstanden so deutlich sichtbare Grenzen. Dieses Verhalten wurde als ›Aggression‹ bezeichnet. In einigen Korallenriffen vor Panama waren die schnell wachsenden Korallenarten weniger ›aggressiv‹ als die langsamer wachsenden Arten.

Die Bildung der Riffzonen

Die unterschiedlichen Lebensansprüche, Stoffwechseleigenarten und Verhaltensweisen der Polypen haben zur Folge, daß die Arten innerhalb des Riffs gestaffelt auftreten und so den Lebensraum in bestimmte Zonen aufgliedern. Nehmen wir einmal an, einige Korallen haben sich in der Nähe der Küste festgesetzt. Hier bildet sich zunächst ein schmaler Korallengürtel, der parallel zum Ufer verläuft. Andere Besiedler kommen hinzu: Algen, Moostierchen, Hydrozoen, Schwämme, Schnecken, Muscheln usw. Durch die Brandungswellen werden das für das weitere Wachstum der Korallen unerläßliche Plankton und Sauerstoff herangetragen.

Im Laufe der Zeit erweitert sich der Gürtel zu einem horizontalen Riffdach, das stetig in Richtung des offenen Meeres wächst. Vorn an der Riffkante leben die stoffwechselaktivsten Korallenarten, denn sie benötigen für ihr intensives Wachstum optimale Umweltbedingungen: viel Licht, Sauerstoff und Plankton!

Zur Küste hin stirbt das Riffdach langsam ab, weil die Lebensbedingungen für die Korallen hier immer ungünstiger werden: Durch die Brandung aufgewirbelte Sedimente setzen sich in den ufernahen Bereichen des Riffdachs ab; durch schlechten Wasseraustausch wird nicht mehr genügend Sauerstoff herangebracht. Die abgestorbenen Korallen hinterlassen Kalkbruchstücke, die langsam zu Sand zermahlen und von Algen überwuchert werden.

Die küstennahen Bereiche fallen bei Ebbe regelmäßig trocken. In Gesteinsvertiefungen halten sich Gezeitentümpel, in denen es zu erheblichen Schwankungen von Temperatur und Salzgehalt kommt.

Zwischen dem alten Riffdach und der felsigen Gezeitenzone bilden sich oft sandige Lagunen, in denen spärlicher neuer Korallenwuchs aufkommt. Die Grenze zwischen Land und Meer bildet schließlich eine Spritzwasserzone, die nur bei extremem Hochwasser durch Wellenspritzer benetzt wird.

Doch kehren wir zurück zur Riffkante. Je näher wir auf dem Riffdach an das offene Meer kommen, desto größer wird die Zahl lebender Korallen. Vorn an der Riffkante, wo sich die Brandung unaufhörlich bricht, herrscht besonders üppiges Korallenwachstum. Hier ist auch die Vielfalt der Fischarten besonders bunt. Das Riffdach bricht an dieser Kante ins tiefe Wasser ab. Dieser mehr oder weniger steile Abbruch weist in seinen oberen Bereichen fast ebenso reichhaltiges Korallenvorkommen auf wie an der Riffkante. Zahlreiche Spalten, Hohlräume und kleine Nischen bieten vielen Tieren Schutz und Deckung. Je tiefer wir hinabsteigen, desto ungünstiger werden die Lichtverhältnisse. Die Wasserbewegung läßt nach, und der Sauerstoff wird knapper. Das Korallenwachstum geht deshalb immer mehr zurück. Meist wachsen in den tieferen Zonen nur bunte Gorgonenfächer, Leder- und Rindenkorallen, die weniger Licht und Sauerstoff benötigen.

In größeren Tiefen, etwa ab 40 m, hört das Korallenwachstum ganz auf. Hier ist dem Riff meist eine Schutthalde toter Korallen vorgelagert, die langsam in ausgedehnte Sand- oder Schlickgebiete übergeht. In den verschiedenen Riffzonen haben sich Fische und andere Meerestiere auf unterschiedlichste Weise eingerichtet. Jede Zone hat ihre eigenen Lebensgemeinschaften und bringt spezielle, lebensraum-typische Anpassungen in Körperbau und Verhalten hervor.

Spezialisten erobern die Riffzonen

Wenn wir vom Land aus in ein Korallenriff einsteigen, überqueren wir meist eine Strandzone aus feinem Korallensand, der teilweise mit Muscheln und toten Korallenästen durchsetzt ist. Auf diesen flachen, deckungslosen Gebieten leben Tiere, die sich den besonderen Umweltbedingungen des Strandlebens angepaßt haben.

An den Küsten des Roten Meeres und des Indischen Ozeans ist der Korallensand oft zu kleinen spitzen Pyramiden aufgeworfen (Abb. 17, 18). Es hat lange gedauert, bis man das Geheimnis dieser Pyramiden entdeckte. Die Sandpyramiden werden von den männlichen Reiterkrabben *(Ocypoden)* gebaut. Das Männchen gräbt mit seiner rechten oder linken Schere eine spiralig gewundene Höhle in den Sand. Der Sand wird pyramidenartig nach draußen aufgeworfen. Dabei planiert das Tier den Weg zur Pyramidenspitze. Die Pyramide liegt immer in der Verlängerung der unterirdischen Höhle und markiert damit den Höhleneingang. So findet die Reiterkrabbe, wenn sie die Höhle verlassen hat, stets zu ihrer Behausung zurück. Der deutsche Verhaltensforscher Linsenmair entdeckte, daß die Pyramiden außerdem wichtige soziale Funktionen erfüllen. Einmal dienen sie als Kristallisationspunkt bei der Gründung neuer

Kolonien, die bis zu 2300 Pyramiden zählen können. Neuankömmlinge halten zu einer bereits vorhandenen Pyramide einen Mindestabstand von 134 cm ein. So breitet sich die Kolonie langsam nach allen Richtungen aus. Für rivalisierende benachbarte Männchen sind die Sandbauten furchtauslösende Imponiersignale: Eindringlinge werden heftig angegriffen und vertrieben.

Zum anderen dienen die Pyramiden als Balzsignale, die paarungswillige Weibchen aus der Entfernung anlocken und ihnen den Weg zum Paarungsplatz weisen, der in der Spiralhöhle liegt. Die Männchen haben ihr Balzverhalten weitgehend abgebaut und scheinen sich ganz auf die anlockende Wirkung ihrer Sandpyramiden zu verlassen. Erst wenn die Weibchen am Höhleneingang erscheinen, geben die Männchen akustische Signale, um dem Weibchen die Gegenwart des Höhlenbesitzers anzuzeigen. Die Höhle ist also Wohnraum und Paarungsort zugleich.

Zum Fressen verlassen die Reiterkrabben ihre unterirdischen Behausungen und laufen in die Nähe des Wassers, wo sie im Spülsaum überall freßbare Partikeln finden. Taucht dort Gefahr auf, flüchten sie in ihre Höhlen zurück. Dabei dient wiederum die Sandpyramide als Orientierungspunkt.

Oft finden wir im nassen Sand die Ringwälle der Kugelkrabbe *(Dotilla sulcata)*. Diese Krabbe durchsiebt den Sand nach freßbaren Partikeln und legt die verarbeiteten Reste in Form von Kugeln in einem bestimmten Ringmuster um ihr Wohnloch. Dabei läßt sie zwischen den Ringen Wege frei, auf denen sie bei Gefahr schnell zu ihrem Wohnloch flüchten kann. Auf der deckungslosen Sandfläche lauern überall Gefahren. Besonders Vögel und Eidechsen stellen den Krebsen nach.

Andere Dotilla-Krabben wandern zur Nahrungssuche in riesigen Scharen in der Nähe des Ufers umher. Das Einzeltier hat keine eigene Wohnröhre, in die es in brenzligen Situationen fliehen kann. Diese Krabben haben eine andere Anpassung entwickelt, um den Feinden zu entgehen: Sie graben sich mit den Scheren in den Boden ein. Der am Strand lebende Einsiedlerkrebs *(Coenobita)* erfand einen noch wirkungsvolleren Schutz gegen Feinde: Er zieht sich in ein hartes, leeres Schneckengehäuse zurück, dessen Öffnung er mit seinen Scheren, die sich genau der Form des Gehäuses anpassen, verschließt. Das Schneckenhaus verhindert außerdem das Austrocknen seines Körpers bei starker Sonneneinstrahlung. Durch solche Schutzmaßnahmen können die Tiere auf den deckungslosen, heißen Strandzonen überleben.

Die Spritzwasser- und Gezeitenzone

Die Grenze zwischen Land und Meer bildet die Spritzwasserzone. Hier ist der Wechsel der Lebensbedingungen besonders kraß. Auf dem von Sonneneinstrahlung und Meerwasser ausgelaugten Boden haben sich dennoch zahlreiche Tiere angesiedelt. In Vertiefungen des felsigen Untergrundes sitzen die Käferschnecken *(Chiton,* Abb. 21). Sie haben sich im Körperbau vollkommen ihren Umweltbedingungen angepaßt. Ihr abgeflachter Körper klebt zusammengepreßt am Untergrund und ist nur mit größter Mühe abzulösen. So können diese Tiere selbst bei starkem Wellengang nicht fortgespült werden und sind außerdem vor Feinden und vor dem Austrocknen durch Sonneneinstrahlung geschützt. Auch die Napfschnecken der Gattung *Patella* sind in der Spritzwasserzone und in der Gezeitzone zu finden. Durch Bewegungen mit den pyramidenförmigen Schalen fügen sie sich genau in den Untergrund ein. Patella unternimmt Weidegänge in ihre nähere Umgebung, findet aber erstaunlicherweise jedesmal exakt zum Ausgangspunkt zurück. Das gelingt ihr, indem sie ihren Standort durch körpereigene Substanzen markiert und auch ihre Kriechspuren damit einreibt. Jede Schnecke hat ihre eigene Duftnote, so daß Verwechslungen mit anderen Tieren ausgeschlossen sind. Die Schnecke findet wie ein Schienenfahrzeug auf ihrer eigenen Duftspur nach Hause. Die Fähigkeit, immer zum gleichen Platz zurückzukehren – man nennt es Heimfindeverhalten –, erhöht die Überlebenschancen dieser Tiere.

In der an die Spritzwasserzone anschließenden Gezeitzone sind Pflanzen und Tiere durch den periodischen Wechsel von Hoch- und Niedrigwasser noch extremeren Umweltbedingungen ausgesetzt. Zeiten des Trockenfallens werden von Überflutungen abgelöst, in denen die Organismen wieder zu aquatiler Lebensweise gezwungen werden. Die Gezeitentümpel in der Ebbezone werden unter den heißen Strahlen der Tropensonne schnell aufgeheizt. Das Wasser verdunstet, wodurch der Salzgehalt steigt. Um zu überleben, müssen die Gezeitenbewohner also unempfindlich gegen Temperatur- und Salzgehaltschwankungen sein. Sie haben komplizierte Mechanismen entwickelt, um sich in diesem Lebensraum behaupten zu können.

Die Schnecken der Art *Planaxis sulcatus* (Abb. 23) sitzen in Scharen dichtgedrängt nebeneinander. Dieses Verhalten schützt sie bei Ebbe vor dem Austrocknen, bei Hochwasser vor dem Sog der Wellen.

Auf der Insel Nosy Be erlebte ich einmal ein Tierdrama, wie es in der Gezeitzone wohl nicht selten ist. Bei Springflut war ein Schwarm kleiner Sprotten *(Spratelloides gracilis)* durch Zufall in einen Gezeitentümpel geraten und hatte die Rückkehr zum offenen Meer verpaßt. Die Wasserpfützen erwärmten sich am Tage schnell, und ihr Salzgehalt stieg. Den Tieren drohte der sichere Tod. Eimerweise entfernte ich sie aus ihrem unfreiwilligen Grab.

In tieferen Gezeitentümpeln leben viele Jungtiere von Schmetterlingsfischen, Seebadern und Korallenbarschen. Auch Muränen können in Gezeitentümpeln sitzen, um die Ebbe zu überstehen. Erst bei Flut wagen sie sich wieder heraus und gehen dann auf Jagd.

Ein den Bedingungen der Gezeiten besonders gut angepaßtes Tier ist der amphibisch lebende Schlammspringer *Periophtalmus* – ein Fisch, der halb aquatil und halb terrestrisch lebt. Seine Brustflossen haben gleichzeitig die Funktionen von Beinchen, er kann damit an Land klettern. Besonders gern weidet er die Algenränder der Gezeitentümpel ab oder jagt kleine Krebse. Seine Körperhaut hält er durch Wälzen des ganzen Körpers an den feuchten Rändern der Tümpel naß, so daß Hautatmung möglich ist. Oft tut es auch ein kurzer Kopfsprung ins Wasser. Bei Gefahr kann er meterweit durch die Luft springen, um das schützende Meer zu erreichen. Wie gut er seine Umgebung kennt, konnte ich im Indischen Ozean immer wieder beobachten. Zielstrebig hüpft er durch zahlreiche Gezeitentümpel hindurch zum Meer. Er scheut dabei keinen Umweg, wenn die Flucht dadurch sicherer wird. Die Sprünge bewerkstelligt er durch einen Katapultstart mit dem Hinterkörper. Dieses gekonnte Rückzugsmanöver ermöglichen ihm nicht zuletzt seine gut entwickelten Augen, die durch besondere Ausbildung der Hornhaut an Wasser- und Landleben gleichermaßen angepaßt sind.

An diesen wenigen Beispielen wird schon deutlich, daß das Überleben in der Gezeitenzone vorwiegend ein physiologisches Problem ist. Der Körper muß vor Austrocknung durch die starke Sonneneinstrahlung geschützt werden. Aber auch Anpassungen im Verhalten sind erforderlich, wie wir bei den Fluchtsprüngen des Periophtalmus gesehen haben. Die Gezeitenzone wird vom Meer oder vom Land her besiedelt. Dem Meerestier stellt sich das Problem, bei Ebbe einen schützenden Gezeitentümpel zu finden, während für ein Landtier beim Einlaufen der Flut Gefahr droht. Zwei Beispiele sollen uns veranschaulichen, wie ein Meerestier und ein Landtier zu Bewohnern der Gezeitenzone wurden, ohne dabei ihre aquatile bzw. terrestrische Lebensweise aufzugeben.

Schlangensterne erobern die Gezeitenzone

An den Küsten des Indopazifik übersieht der Strandwanderer nur allzu leicht die unzähligen stachligen Arme des braunschwarzen Schlangensterns *(Ophiocoma scolopendrina),* der an den Rändern der Gezeitentümpel sitzt und dabei merkwürdig wälzende und rudernde Armbewegungen ausführt (Abb. 20). Weshalb hat der Schlangenstern das Risiko auf sich genommen, in die Gezeitenzone vorzudringen? Hätte er nicht genausogut tief unten im Korallenriff bleiben können, wo die Umweltbedingungen weniger schwierig sind?

Jeder Schlangenstern dieser Art hat sein eigenes Zuhause. Er sitzt in einer Wohnhöhle in Felsspalten und flachen Gruben, die er über Wochen nicht verläßt. Magnus stellte dabei eine für die Stachelhäuter unbekannte Verhaltensweise fest: Sie vertrieben nämlich Artgenossen und artfremde Nachbarn mit stoßenden und schiebenden Abwehrbewegungen der Arme. Der Schlangenstern verläßt seine Höhle auch bei der Nahrungsaufnahme nicht. Immer hält er die Körperscheibe oder auch nur die Spitze eines Armes in der Höhle. Fallen bei Ebbe ihre Weideplätze trocken, ziehen sich die Tiere in ihre Löcher zurück, in denen immer noch genügend Wasser zurückgeblieben ist, um die Ebbe zu überstehen. Diese geschützten Plätze bieten auch gute Deckung, wenn die Flutwellen heranrollen. Schlangensterne sind empfindlich gegen Wasserbewegung. Deshalb halten sie sich bei Flut stets versteckt und ziehen sich soweit wie möglich in ihre Wohnhöhlen zurück. Ihrem Nahrungserwerb gehen sie nur während der Ebbezeit nach. Auch hier entdeckte Magnus eine Reihe erstaunlicher Verhaltensanpassungen.

Der Ophiocoma-Schlangenstern ist kein Nahrungsspezialist. Das wäre in seiner Situation auch wenig vorteilhaft. Er frißt buchstäblich alles, was ihm in die Quere kommt. Vor allem kleine Grünalgen, die hier in der Gezeitenzone besonders gut gedeihen. In tiefen Gezeitentümpeln, die nie ganz austrocknen, weiden die Tiere bei ruhigem Wasser die Algenwiesen ab. Dabei halten sie sich mit den Füßchen am Boden fest und rupfen durch Einkrümmen der Arme den Bewuchs ab. Die Tiere verfügen über einen ausgezeichneten Geschmackssinn und prüfen die Nahrung vorher immer auf ihre Geschmacksqualitäten. Die aufgesammelte Nahrung transportieren sie auf ihren Armen mit erstaunlicher Geschicklichkeit zum Mund. Doch nicht allen Schlangensternen gelingt es, einen tiefen Gezeitentümpel mit ruhigem Wasser zu erwischen. Die meisten sitzen an ungünstigeren Orten, deren Umgebung zeitweilig trockenfällt. Um hier zu überleben, haben die Tiere andere Formen des Nahrungserwerbs entwickelt. Sie halten ihre Arme bei strömendem Wasser steif nach oben, wobei die Füßchen an der Armunterseite rechtwinklig abgespreizt sind. So wird ein Filterkamm gebildet, der vorbeiströmende Partikeln festhält. Die Tiere verlassen während ihrer Filtriertätigkeit ihre Höhle nie ganz; immer sichern sie sich mit einem Arm die Rückzugsmöglichkeit. Da das Filtrieren nicht immer sehr ertragreich ist, haben die Schlangensterne noch eine andere Methode entwickelt, deren Anwendung jedoch von bestimmten Umweltbedingungen abhängig ist.

Die Sonne trocknet bei Ebbe auf der Oberfläche des offen daliegenden Meeresbodens eine hauchdünne Schicht aus pflanzlichen und tierischen Rückständen ab, die bei der einlaufenden Flut vom Wasser angehoben wird. Es ist ein Trockenfutter, das in konzentrierter Form an der Oberfläche schwimmt. Im Augenblick der Überflutung kommen die Schlangensterne aus den Höhlen und berühren dabei in der nur einige Zentimeter dicken Wasserschicht den Staubfilm der Oberfläche. Sie drehen sich auf den Rücken, so daß ihre Mundseite zur Wasseroberfläche zeigt. Nun führen sie mit den Armen Pendelbewegungen aus, wobei die Armspitzen synchron gegeneinanderschlagen. Der zwischen den Armen liegende Staubfilm wird auf diese Weise fest gegen die Arme gedrückt, durch Schleim zu einer Nahrungswurst geformt und auf den Armen zum Mund gereicht. Die Armbewegungen sind flink und wohl koordiniert, denn die Flut steigt schnell und spült den Staubfilm fort. Vergleichen wir die Lebensweise dieses Schlangensternes mit der anderer Arten, so hat er mit seinem Territorial- und Heimfindeverhalten eine für Schlangensterne neue Erfindung gemacht. Im Nahrungserwerb ist er erstaunlich vielseitig und paßt sich jeweils den Umweltbedingungen an. Das hat ihm vermutlich den Standortwechsel in die Gezeitenzone ermöglicht, wo er sich neue Nahrungsquellen erschließen konnte. Aus diesem Grunde hat der Schlangenstern wohl auch die geschützten, ruhigen Verstecke im Korallenriff verlassen und ist pionierhaft an Land gestiegen.

Die Welt der gezeitenaktiven Eidechse

Auf einigen vulkanischen Inseln des Indopazifik lebt eine nur 10 cm lange Eidechse *(Cryptoblepharus boutoni)*. Tagsüber verläßt sie ihren Schlupfwinkel an Land und läuft in die Gezeitenzone hinein. Weshalb ist diese kleine Glattechse in die Gezeitenzone vorgedrungen? Ist dieses Tier eine kleine Ausgabe der berühmten Galápagos-Echse, die sich auf ein Leben in der Gezeitenzone spezialisiert hat?

Um die Verhaltensweise dieser Glattechsen zu studieren, insbesondere ihre Anpassung an das Gezeitenzonendasein, beobachtete ich die Tiere über längere Zeit auf einer kleinen madagassischen Insel.

Die Tiere halten sich nachts oberhalb der Flutgrenze in den Spalten des schwarzen Basaltgesteins auf und unternehmen tagsüber – je nach Wasserstand – ihre Wanderungen in die Gezeitenzone. Dabei sind sie überaus aggressiv gegen Artgenossen, die sie nicht in ihrer Nähe dulden. Viele von ihnen sind ohne Schwanz, den ihnen ein Artgenosse abgebissen hat. In der Gezeitenzone inspizieren die Eidechsen alle nur erreichbaren Spalten und Höhlen. Die Gezeitentümpel umgehen sie geschickt, und es gelingt nicht, die Tiere bei einer Verfolgungsjagd ins Wasser zu treiben. Ich entdeckte, daß die kleinen Eidechsen mit Vorliebe Jagd auf den Schlammspringer *(Periophtalmus)* machen: Die Fische sitzen häufig im flachen Wasser direkt unter der Oberfläche der Gezeitentümpel. Die Eidechsen schleichen sich behutsam an ihre Beute heran und überraschen sie im Sprung. Dabei stürzen sie oft unfreiwillig kopfüber ins Wasser, und ich konnte beobachten, daß sie ausgezeichnete Schwimmer sind.

Um die Wanderwege der Eidechsen zu verfolgen, markierte ich einige Tiere mit rotem Nagellack. Es stellte sich heraus, daß die Tiere relativ ortstreu sind und in stark zerklüfteten Gegenden stets den gleichen Rückweg aus der Gezeitenzone benutzen. Außerdem wandern sie unabhängig vom Wasserstand zu einer bestimmten Zeit am Nachmittag aus der Gezeitenzone wieder heraus. Ein Tier trat mit einer Zeitdifferenz von lediglich 10 Minuten seinen täglichen Heimweg an.

Der rechtzeitige Rückzug verhindert, daß die Eidechsen in der Nacht von der Flut überrollt werden. Auf ihrem Nachhauseweg beweisen sie eine erstaunliche Ortskenntnis. Leicht könnten die Tiere bei Unkenntnis des Geländes auf Halbinseln innerhalb der Gezeitenzone geraten, die dann bei steigender Flut zunächst eingeschlossen und später überflutet werden. Woher wissen die Eidechsen, wann sie ungefährdet in die Gezeitenzone hineinlaufen können? Wahrscheinlich ist es der Feuchtigkeitsgehalt des Bodens, der ihnen den Zeitpunkt zum Beginn der Wanderungen anzeigt. Sie tasten unaufhörlich mit ihrer gespaltenen Zunge den Boden ab. Der Boden muß relativ trocken sein, bevor die Tiere loslaufen. Wenn es geregnet hatte und die Bodenoberfläche trotz Ebbe feucht war, liefen sie nur zögernd in die Gezeitenzone hinein.

Die Eidechsen unternehmen auch ausgedehnte Wanderungen, um das Gelände ihrer Umgebung zu erkunden, finden aber immer wieder an ihren Ausgangspunkt zurück. Als ich 20 markierte Eidechsen in kleine Pappschachteln verfrachtete und sie außerhalb ihres Gebietes freiließ, kehrten 19 der Tiere wieder in ihr Heimatareal zurück. Das war um so erstaunlicher, als sie auf dem Rückweg ausgedehnte Sandflächen überqueren mußten. Meine Beobachtungen ergaben, daß sich die Eidechsen an den periodischen Wechsel der Gezeiten angepaßt haben. Das Heimfindevermögen, verbunden mit genauer Geländekenntnis, ermöglicht den Eidechsen, an Land zurückzukehren, sobald durch das Aufkommen der Flut die Bedingungen in der Gezeitenzone für sie ungünstig werden. Ähnliches Verhalten hatten wir bereits bei der Napfschnecke und bei dem Schlangenstern kennengelernt. Das Heimfindevermögen ist bei vielen in der Gezeitenzone lebenden marinen Wirbellosen und Fischen nachgewiesen. Offensichtlich ist es in der Natur weit verbreitet und hilft, extreme Lebensräume zu besiedeln. Die Frage, was die Eidechsen gezwungen haben mag, in die Gezeitenzone vorzudringen, ist nicht eindeutig zu beantworten. Der Reptilienforscher Mertens meint, die kleine Eidechse hätte sich wegen zu starken Feinddrucks an Land in die Gezeitenzone vorgewagt, in der es keine ihr feindlich gesonnenen Reptilien gibt. Da die Eidechsen auf kargen vulkanischen Inseln leben, glaube ich eher, daß die Erschließung neuer Nahrungsquellen sie zum Abstieg in die Gezeitenzone veranlaßt hat. Auch die große Galápagos-Echse, die an Land keinen Reptilienfeind zu fürchten hat, lebt auf vulkanischen, nahrungsarmen Inseln. Sie weidet in der Gezeitenzone die großen Algenwiesen ab und steigt bei Flut ebenfalls an Land. Doch ist sie schon viel besser auf das Leben in der Gezeitenzone spezialisiert als die kleine Eidechse Cryptoblepharus: Die Galápagos-Echsen tauchen bereits ins Meer hinab, um unter Wasser Nahrung zu suchen. Auch die Flut treibt sie nicht unbedingt an Land zurück. In geduckter Stellung an das felsige Gestein festgeklammert, läßt sie die großen Wellen des Pazifik über sich hinwegrollen. Dagegen ist die kleine Glattechse ein ausgesprochen wasserscheues Tier. Obwohl sie vom Meer ernährt wird, ist sie ein rein terrestrisches Tier geblieben.

Die Sandlagunen und das Riffdach

In den lichtdurchfluteten, sandigen Lagunen mit ihrem spärlichen Korallenwuchs leben einige Tiere, die wir auch an der Riffkante vorfinden. Schmetterlingsfische *(Chaetodontidae)* und Seebader *(Acanthuridae)* zupfen an den Korallen und weiden den Algenbewuchs ab, der hier besonders üppig ist. Auffällig viele Jungfische suchen zwischen den vielfach abgestorbenen Korallenästen Schutz. Der sandige Boden wird von Meerbarben *(Pseudupeneus)* nach Nahrung durchsucht. Sie tasten mit ihren Barteln, in denen sich chemische Sinnesorgane befinden, den Boden nach freßbaren Partikeln ab. Außerdem leben hier zahlreiche Grundeln *(Gobiidae)* und Schleimfische *(Blennidae,* Abb.31), deren Körper meist gut getarnt sind. Einige bauen sich aus Muscheln und toten Korallenästen kleine Höhlen.
Seezungen und Schollen liegen auf dem Sand oder haben sich teilweise eingegraben. Die farblich hervorragend getarnten Tiere erkennt man auf dem Sand nur an den

Augen, die aus dem Boden herausschauen. Oft habe ich mich, dicht über den Sand kriechend, an diese Fische angeschlichen. Wenn sie mich schließlich bemerkten, stoben sie panikartig davon und schlugen dabei wie rasend mit ihrem Flossenkranz. Diese Tiere leben in fest begrenzten Revieren, die sie gegen Artgenossen heftig verteidigen. In der Nähe toter Korallenäste auf felsigem Untergrund haben sich Seeanemonen eingenistet, zwischen deren Tentakeln sich Fische der Gattungen *Amphiprion* und *Premnas* sowie einige Krebsarten aufhalten (Abb. 64, 94–96). Wie die Fische zwischen den giftigen Fangarmen leben können und welche Anpassungen dazu nötig sind, erfahren wir im Kapitel ›Zwischenartliche Partnerschaften‹. Die Seeanemonen sind an der Riffkante nicht so zahlreich, weil hier viele ihrer Feinde leben, denen das Gift der Tentakeln nichts ausmacht. Die Seeanemonen ziehen sich bei Berührung ins Gestein zurück. Einzelne Korallenstücke werden gern von den Korallenbarschen *Dascyllus aruanus* und *Dascyllus marginatus* besiedelt. Diese Fische leben in Gruppen und sind ausgesprochen ortstreu. Bei Gefahr flüchten sie sofort zu ihrer Heimkoralle, zwischen deren Ästen sie sich verbergen. Auch wenn man die Koralle aus dem Wasser hebt, bleiben die Fische auf ihr sitzen.

Der Taucher macht in den flachen Gebieten des Korallenriffs erstmals die unangenehme Bekanntschaft mit den bis zu 40 cm langen Stacheln des Diadem-Seeigels. Diese Seeigel stehen tagsüber in großen Gruppen zusammen, wobei sich die Tiere mit ihren Stacheln ineinander verhaken (Abb. 139). Einzeln halten sich die Tiere versteckt in Spalten in der Nähe des Riffdachs auf. Diadem-Seeigel leben auch häufig auf den weiten Sandflächen, die vor dem Riff im tiefen Wasser liegen. Viele Kardinalfische *(Apogonidae)* suchen zwischen den Stacheln Schutz (Abb. 90). Sie ziehen sich bis an den Körper des Seeigels zurück, wenn man sachte mit der Hand über den Stachelwald fährt. Ein kurzstachliger Verwandter, der *Astropyga*-Seeigel, hat auf seinem dunkelvioletten bis braunen Körper leuchtend blaue ›Augen‹. Das sind spezialisierte Pigmentzellen, die sehr lichtempfindlich sind. Der Astropyga-Seeigel kann auf seinen Stacheln sehr schnell über den Boden kriechen. Einige Male liefen Tiere auf das schwarze Gehäuse meiner Unterwasserkamera zu, weil sie darin irrtümlicherweise einen Artgenossen vermuteten. Gruppenbildungen dieser Tiere werden nämlich durch eine Dunkelorientierung (Skototaxis) ausgelöst.

Von anderen Seeigeln, wie zum Beispiel dem giftigen *Tripneustes* oder dem *Echinothrix,* lugen oft nur einige Stacheln zwischen Algenstücken, Muschelschalen und toten Korallenstücken hervor. Die Seeigel haben sich selbst zugedeckt. Früher glaubte man, sie würden sich auf diese Weise tarnen oder vor Licht schützen. Heute erklärt man die Bedeckungsaktion durch Reflexbewegungen der Füßchen und Stacheln. Das Aufladen von Objekten wird durch dieselben Reflexe hervorgerufen, die auch die Fortbewegung des Seeigels auslösen. Ein besonders spezialisierter Seeigel, dessen Stacheln nur Millimeter lang sind, lebt im Sand vergraben: Der Sanddollar schiebt sich wie ein Raupenfahrzeug durch den Boden und nimmt Nahrungspartikel aus dem Sand auf, die über Wimpern auf der Körperoberfläche zum Mund transportiert werden.

Der Übergang von den sandigen Lagunen zum Riffdach besteht häufig aus einer Algenzone, die ebenfalls speziell an sie angepaßte Tierformen beherbergt. Zwischen den Algen leben viele Lippfischarten, die in ihrer Färbung mit der Umgebung übereinstimmen. Ein Meister der Tarnung ist der schlanke Schnabellippfisch *(Cheilio inermis)*, der verschiedene Farbkleider zur Auswahl hat, die jeweils zur Umgebung passen. Zwischen den Algen ist er grasgrün. Oft ›reitet‹ er dicht über Meerbarben (Abb. 89) und läßt sich von ihnen über weite Strecken spazierenführen. Dabei hat er eine knallgelbe Uniform an. Selten gelingt es einem Taucher, im Algenwald die giftigen Skorpionsfische *(Scorpaeniden)* zu entdecken, die durch ihre ausgezeichnete Tarnung fast unsichtbar sind. Geduldig lauern diese Fische auf Beute und saugen sie blitzschnell in ihr riesiges Maul ein.

Das alte, zum Ufer hin abgestorbene Riffdach ist von einem dünnen Belag Fadenalgen überwachsen, der gern von Schmetterlingsfischen (Abb. 48, 50–54, 59) und Seebadern (Abb. 27, 66) abgeweidet wird. Diese Fische haben besondere, für diesen Zweck spezialisierte Zähne entwickelt, mit denen sie den Algenbelag abgrasen. Das Riffdach wird bei Flut regelmäßig von Fischen aufgesucht, die sonst nur an der Riffkante leben. Sie unternehmen diese Wanderungen, um hier zu fressen.

In den Spalten- und Hohlraumsystemen sitzt der kleine Seeigel *Echinothrix calamaris*, der – wie die meisten Seeigel – die Gesteinsoberfläche während der Nacht abgrast. Tief im Riffgestein kommt auch der farbenprächtige Kolbenseeigel *(Heterocentrotus)* vor. Er hat besonders dicke Stacheln, die an den Enden starke Kanten aufweisen. Dieser Seeigel bohrt sich im Laufe der Zeit eine Wohnhöhle in das Korallengestein, aus der er häufig nicht mehr entweichen kann. Den Kolbenseeigel finden wir auch in den Spalten am Riffabfall.

Ein Bewohner des Riffdachs ist die fest mit dem Korallengestein verwachsene Mördermuschel *Tridacna* (Abb. 29), die am Barriere-Riff von Australien eine Schalenlänge von anderthalb Metern und ein Gewicht von 200 kg erreichen kann. Ihr leuchtend bunter Körper liegt offen zwischen den beiden Schalenhälften und schimmert in allen Farben des Regenbogens. Auffällig ist eine große röhrenartige Öffnung im farbigen Körperfleisch, durch die Atemwasser fontäneartig nach außen geblasen wird. Gleitet der Schatten eines Tauchers über die Mördermuschel hinweg, schließen sich die beiden Schalen ruckartig. Die Schließkraft ist so groß, daß man die Schalen wohl nur mit einer Brechstange öffnen könnte. Mit ihren gewaltigen Kräften wäre die Muschel durchaus in der Lage, einen Menschen festzuhalten, sollte er aus Versehen mit dem Fuß zwischen die Schalenhälften geraten. Doch Unfälle dieser Art sind nur vom Film her bekannt. Es dürfte bei der Schnelligkeit der Schließbewegung sehr schwer sein, den Fuß zwischen die Schalen zu stecken.

Die Spalten des Riffdachs dienen vielen Fischen als Zuflucht. Häufig begegnen wir hier dem Picassofisch *Rhinecanthus aculeatus*. Er kann sich mit Hilfe spezialisierter Rückenflossenstacheln so in den Spalten verklemmen, daß er auch mit größter Kraftanstrengung nicht herauszuziehen ist. In der Südsee ist es zu einem makabren Vergnügen mancher Touristen geworden, mit diesem Fisch Wettrennen zu veranstalten. Man spießt einen Korken auf den Verklemmstachel, so daß der Fisch nicht mehr untertauchen kann. Er paddelt hilflos dicht unter der Oberfläche und ist als ›Rennpferd‹ gut von oben zu sehen. Wer den schnellsten Picasso für sich schwimmen ließ, erhält einen Preis.

In den Nischen des Riffdachs – tief im Gestein versteckt – schlafen tagsüber viele Fische, die erst nachts auf Nahrungssuche gehen. Immer häufiger begegnen wir den Seebadern *Acanthurus sohal* (Abb. 27) oder *A. lineatus.* Diese Fische heißen auch Doktor- oder Chirurgenfische, weil sie einen messerscharfen Knochenkiel an der Schwanzwurzel klappmesserartig aufstellen können. Es sollen sich schon viele Fischer daran verletzt haben. Sie sind lebensraumtypische Leitformen dieser Riffzone. Elegant gleiten sie durch die vielen Riffspalten oder weichen geschickt dem Ansturm der Brandungswellen aus. Ihre flache Körperform ist zweifellos eine Anpassung zum schnellen Manövrieren im Durcheinander der Spalten, Höhlen und Korallenäste.

Riffkante und Steilabfall

Vorn an der Riffkante präsentiert sich das Meeresleben in seiner ganzen Vielfalt. Hier finden sich die unterschiedlichsten Korallenarten. Mit echten Korallen zum Verwechseln ähnlich sind die großen Fächer der Feuerkoralle *Millipora* (Abb. 34), die der Taucher tunlichst nicht berühren sollte. Der Name Feuerkoralle hat sich zu Unrecht eingebürgert, da sie nicht zur Klasse der Korallen *(Anthozoa),* sondern zu stockbildenden *Hydrozoen* gehört. Die nesselnde Wirkung der Polypen ist so stark, daß die Haut rot anschwillt und manchmal sogar starkes Fieber auftritt. Die Fächer der Feuerkorallen stehen meist senkrecht zur Wasserströmung.

Hunderte von kleinen Riffbarschen der Gattung *Chromis* und *Pomacentrus* schwimmen im freien Wasser über den Korallen und schnappen nach kleinen Partikeln, die die Strömung heranträgt. Viele Fischarten leben hier auf engstem Raum nebeneinander. Die Natur hat, hauptsächlich um Verwechslungen bei der Paarung vorzubeugen, jeder Art eine eigene, unverwechselbare Uniform angezogen, über die ich später ausführlicher berichten werde.

Die roten *Anthias*-Barsche bevölkern in dichten Wolken die Riffkante. Diese Fische sind für mich ein wichtiger Anzeiger für herannahende Gefahren. Schwimmen sie spielerisch im freien Wasser, kann auch ich sorglos arbeiten. Zuckt der Schwarm aber zusammen und flüchtet zur Riffkante, bedeutet das immer Alarm – ein Hai oder ein großer Zackenbarsch schwimmt vorbei. Deutlich kann man bei diesen Fischen zwei Gruppen unterscheiden: Die eine ist vollkommen rot gefärbt, während die andere auf ihren mehr rostbraunen Körperflanken einen großen goldgelb schimmernden Fleck hat. Es sind Männchen und Weibchen, die sich in getrennten Schwärmen aufhalten. Die Fische wechseln innerhalb ihrer Entwicklung das Geschlecht. Am Anfang ihres

Lebens scheinen sie sich in der Rolle des Weibchens zu gefallen, erst später bilden sie sich zu Männchen um. Auch viele Lippfische haben die gleiche Fähigkeit zur Geschlechtsumwandlung. Der kleine Barsch *Serranellus* aus Florida ist sogar Männchen und Weibchen zugleich. Es kommt vor, daß dieser Fisch beim Ablaichen zuerst Männchen spielt, um unmittelbar darauf die Funktion des Weibchens zu übernehmen, indem er Eier ausstößt.

Die Oberfläche der Korallen wird von vielen Papageifischen abgenagt (Abb. 9). Wenn sie mit ihren harten Schnäbeln die Korallen bearbeiten, kann man weithin ein schabendes Geräusch hören. Die unverdaulichen Kalkbestandteile scheiden die Papageifische aus: Der Kalk schwebt fein verteilt zu Boden. So tragen Fische dazu bei, Sedimente herzustellen. Auch die Puffer- und Drückerfische knabbern an den Korallen. Vielfältig spezialisiert sind die plakatfarbig bunten Engels-, Kaiser- und Schmetterlingsfische (Abb. 48, 50–54, 58, 59). Die meisten von ihnen schwimmen paarweise zusammen und leben offenbar in Dauerehe. Einige Arten haben lange, pinzettartige Schnäbel, mit denen sie in tiefere Spalten eindringen und nach kleinen Krebsen, Würmern und Schnecken suchen. Besonders auffällig ist der Pinzettfisch *(Chelmon rostratus)* mit seinem großen Augenfleck in der Rückenflosse und der leuchtend gelbe Schnabelfisch *(Forcipiger longirostris)*. Mit ihren dünnen langen Schnauzen können sie kleinere Beute wie mit einer Pipette ansaugen. Alle diese Fische sind unterschiedlich spezialisiert: Sie haben irgendeine Vorliebe für eine bestimmte Nahrung, für einen bestimmten Wohnraum oder besitzen besondere Lebensgewohnheiten.

Die Welt am Riff erscheint dem Taucher auf den ersten Blick friedlich und harmonisch, nur selten sieht man kämpferische Auseinandersetzungen. Doch der Schein trügt. Alle diese Tiere sind streng territorial und respektieren eine unsichtbare Grenze zu ihrem Nachbarn. Es herrscht eine mit Spannung geladene Atmosphäre, von der der Taucher aber nichts bemerkt. Erst wenn man einen Fisch gewaltsam aus seinem Revier heraustreibt und dadurch das Gleichgewicht der Kräfte stört, gerät die Fischwelt in Aufruhr. Jetzt wird auf einmal heftig gekämpft, denn es gilt, den Eindringling aus dem Heimatareal zu vertreiben (Abb. 49).

Während der Artgenosse ein Rivale ist, den man vom eigenen Gebiet fernhalten muß, hat man sich selbst vor Räubern zu schützen, die einem nach dem Leben trachten. In Spalten versteckt sitzen verschiedene Arten Zackenbarsche *(Cephalopholis* und *Epinephelus)* und der *Aethaloperca*-Riffbarsch, die hin und wieder auf einen Schwarm kleiner Beutefische Jagd machen (Abb. 135–137). Die Kleinen haben aus ihrer Gruppe täglich ihren Tribut zu zahlen. Viele Überraschungsangreifer sind zudem ausgezeichnet getarnt und schleichen sich unbemerkt an ihre Beute heran. Berüchtigt sind die schon einmal erwähnten Skorpionsfische, die in fast allen Zonen des Riffs leben können. Der gefährlichste von ihnen, der Steinfisch (Abb. 73), kann sich so perfekt tarnen, daß er von seiner Umgebung nicht mehr zu unterscheiden ist. Auf dem Grunde lauernd, sticht er bei Gefahr mit dem Stachel seiner Rückenflosse in die Opfer und injiziert dabei ein tödliches Gift, dem selbst Menschen schon erlegen sind.

Im Roten Meer lebt ein grüner Anglerfisch *(Antennarius)*, der sich vor seiner Beute nicht nur tarnt, sondern ihr in hinterhältiger Weise selber Beute vorgaukelt. Ein Stirnfortsatz sieht nämlich einem Wurm täuschend ähnlich. Die Beutefische schwimmen auf diesen vermeintlichen Leckerbissen zu und bezahlen ihren Irrtum mit dem Leben: Sofort werden sie vom riesigen Maul des Anglers eingesogen.

Am Riffabfall sitzt auch der Rotfeuerfisch *(Pterois volitans)*, der seine Brustflossen flügelartig aufgespalten hat (Abb. 109–110). Wellenförmig bewegen sich seine großen Rückenflossenstacheln, mit denen er bei Gefahr blitzschnell zustechen kann. Dabei injiziert er ebenfalls ein starkes, sehr schmerzhaftes Gift. Tagsüber sitzen die Rotfeuerfische mit zusammengelegten Flossen versteckt in Felsnischen. Erst gegen Abend werden sie lebendig und gehen auf Jagd. Langsam schleichen sie sich an ihre Beute heran, treiben sie mit den flügelartigen Brustflossen in die Enge und verschlingen sie durch eine plötzliche Saugbewegung.

In versteckten Nischen lauern Muränen (Abb. 65). Auch sie gehen vorwiegend nachts auf Jagd. Ausgezeichnete Geruchsorgane helfen ihnen beim Aufspüren der Beute. Allerdings haben sich bereits einige Fische diesem nächtlichen Räuber angepaßt. Sie schlüpfen nachts in einen gallertigen Schlafsack, der durch eine Drüse hinter den Kiemendeckeln produziert wird. Die Gallerthülle schützt die Fische vor der Geruchsortung der Muränen.

Die vielen kleinen Schwarmfische vor der Riffkante und am Steilabfall werden nicht nur von den ortsansässigen Räubern verfolgt, auch viele Raubfische aus dem freien Wasser holen sich hier ihre Nahrung: Haie, Barrakudas und Stachelmakrelen *(Caranx)* suchen zu bestimmten Zeiten das Riff auf und machen unerbittliche Jagd (Abb. 147, 148, 150).

Wenn wir den Riffabfall weiter hinabschwimmen, schauen aus dunklen Nischen die großen Augen der Husaren- und Kardinalfische heraus (Abb. 38). Einige geben Laute von sich, die der Taucher unter Wasser gut hören kann. In tiefer gelegenen Höhlen wachsen farbenprächtige Rotalgen, Schwämme, Moostierchen, Gorgonenfächer oder auch die schönen Alcyonarien-Korallen, die besonders rötliche und gelbe Tönungen haben (Abb. 6, 7, 30). Zahlreiche Schlangensterne besiedeln die Höhlenwände. Auffällig ist der knallbunte Körper der Zackenauster *(Spondylus)*, die ihre Schalen schließt, sobald ein Schatten über sie hinweggleitet.

Die in den Höhlen lebenden Fische richten sich immer mit der Bauchseite zur Höhlenwand. Normalerweise orientieren sich Fische mit dem Rücken zum Licht. Fehlt das Licht, wie hier in den unterseeischen Höhlen, so richten sie sich in ihrer Stellung nach der Raumstruktur (Abb. 40).

Die Höhlen dienen auch den großen Langusten *(Panulirus)* als Unterschlupf, man erkennt sie zunächst nur an ihren langen, aus der Höhle herausragenden Fühlern (Abbildung 41). Während des Unterwasserhaus-Experimentes Tektite auf den Virgin-Islands in der Karibischen See wurden Langusten mit kleinen Radiosendern versehen, um sie über längere Zeit beobachten zu können. Kurz nach Sonnenuntergang verließen sie ihre Wohnhöhlen und wanderten zur Nahrungssuche auf die dem Riff vorgelagerten Sandflächen. Ein Tier legte in vier Stunden 240 m zurück! Einmal verschwand eine Gruppe Langusten für drei Tage, nachdem eine Schule von sieben großen Ammenhaien in der Nähe aufgetaucht war. Ob das Verlassen des Gebietes durch die Haie ausgelöst wurde, ist ungewiß.

Nicht nur größere Hohlräume und Nischen am Riffabfall werden besiedelt, auch die sehr engen Zwischenräume der Korallen bieten Wohnraum für viele Tiere. Zwischen Acropora-Ästen leben die *Porcellana*-Krebse oder Pelzgroppen *(Caracanthus),* die sich mit den an ihren Kiemendeckeln sitzenden Dornen zwischen den Korallenästen verklemmen. Auch Grundeln haben sich auf das Leben zwischen den Korallenästen spezialisiert. Andere Fische, so die kleinen Korallenbarsche *Chromis caeruleus* und *Dascyllus marginatus* benutzen die Lücken nur als Zufluchtsort bei Gefahr. Manchmal sind einige Korallenäste gallenartig verdickt. Sehen wir dann genau hin, ist deutlich ein dünner Spalt oder auch ein Kranz von Löchern zu erkennen, der diese Verdickung in zwei Hälften trennt. Im Hohlraum der Galle sitzt jeweils ein Weibchen des Krebses *Hapalocarcinus.* Er kann seinen Wohnraum nicht mehr verlassen, denn die Koralle ist um das Tier herumgewachsen. Nahrung wird durch die Löcher oder den Spalt hereingestrudelt. Aber wie kann sich der Krebs fortpflanzen, wenn das Weibchen für den Rest seines Lebens eingemauert ist? Dazu hat sich die Natur einen ›Trick‹ einfallen lassen – sie ließ die Männchen zwergenhaft verkümmern, so daß sie bequem durch die Löcher zum Weibchen hineinschlüpfen können, um es zu befruchten.

Nicht nur auf der Oberfläche und in den Zwischenräumen der Korallen siedeln Tiere, auch das Innere des kalkigen Skelettes ist von Algen, Schwämmen, bohrenden Schnekken, Muscheln und Würmern mit spezialisierten Bohr- und Grabevorrichtungen durchsetzt. Einige lösen sogar den Kalk auf chemischem Weg auf. Neben den unterschiedlichen Riffzonen wird also auch die Koralle selbst von zahlreichen Spezialisten bewohnt.

Die Schotter-, Sand- und Schlickzonen

Vor dem Riffabfall liegen Reste abgestorbener Korallen. Diese Schotterzone wird von Fischen des Riffabfalls aufgesucht, die hier den Algenbewuchs abzupfen. Zwischen den vielen Gesteinslücken halten sich wieder Skorpionsfische auf. Ein breitrückiger, flacher Krötenfisch, in Körperform und Farbe vollkommen eins mit der Umgebung, verrät durch sein riesiges Maul, daß auch er ein gefräßiger Räuber ist und hier unten auf Beute lauert, die er mit einem blitzschnellen Sprung überwältigt. Über die Schotterzone schwimmen wir auf weite offene Sandflächen hinaus, die auch in Schlick übergehen können. Wie die Tiere der Strandzone, so werden auch die Bewohner dieser deckungslosen Flächen leicht vom Feind gesehen. Auch hier sichern sich die Tiere deshalb durch besondere Anpassungen. Am besten ist man vor dem Feind unter dem Sand geschützt. So halten sich zum Beispiel viele Seegurken, Verwandte der Seesterne und Seeigel, am Tage unter dem Sand auf und kriechen erst nachts heraus. Auch einige Seeanemonen sind nachtaktiv geworden. Bei Berührung ziehen sie sich blitzschnell in den Boden zurück. Ein Tier, das bislang noch nicht gefangen und erforscht wurde, baut sich wie die Reiterkrabbe am Strand einen großen kegelförmigen Sandhaufen (Abb. 45). Manchmal scheinen die Hügel wie ein Vulkan zu rauchen, und an der Spitze steigt dann kurzzeitig eine Sandfontäne auf. Neben den Hügeln befindet sich ein Trichter, der unterirdisch in einer Röhre endet. Hügel und Trichter stehen durch ein Kanalsystem in Verbindung. Der Trichter scheint als Falle zu dienen. Sand mit Nahrungspartikeln fällt hinein, wird dann gefressen, wobei der unverdauliche Rest an der Spitze der Hügel wieder nach draußen befördert wird. Den Verlauf der unterirdischen Röhren habe ich genau verfolgen können. Die Röhre hat einen Durchmesser von etwa 3–5 cm, und die Wände sind mit Schlamm fest verkittet. Trotz intensiven Grabens ist es mir bisher jedoch nicht gelungen, den Bauherrn der Röhre zu sichten. Einmal grub ich ein fast zwei Meter tiefes Loch in den Untergrund. Cousteau hat einen Krebs gefangen, in dem er den Vulkanbauer vermutete. Bisher konnte seine Beobachtung jedoch nicht bestätigt werden.

Viele tagaktive Tiere bauen sich Höhlen oder Röhren, in die sie beim Auftauchen eines Feindes hineinflüchten. Die Kieferfische *Opistognathus* und *Gnathypops* fertigen sich aus Muscheln und Steinen feste Höhlen, deren Wände sie mit dem Baumaterial kunstgerecht auskleiden. Muscheln und Steine werden einzeln übereinandergestapelt, so daß die Höhlenwand vor Einsturz geschützt ist.

Die Sandaale *(Trichonotus)* leben in kleinen Gruppen und tauchen bei Gefahr kopfüber in den Boden ein. Sie bohren sich durch den Sand und schauen an anderer Stelle mit dem Kopf wieder heraus. Ein anderer Sandbodenbewohner, der schlanke *Gunellichthys monostigma* (Abb. 47), hat sich eine Röhre gebaut, die nur 5–10 mm dick ist. Er hält sich immer in der Nähe der Röhre auf und fischt Plankton, das durch die Strömung herangetragen wird. Bei der geringsten Gefahr flüchtet er in seine Röhre hinein. Einige Male habe ich seine Röhre versuchsweise mit Sand zugestopft. Der Fisch verlor sofort seine Orientierung und flüchtete panikartig. Dabei überquerte er die Reviere von anderen Artgenossen und wurde von jedem heftig angegriffen.

Auch die berühmten Röhrenaale *(Heterocongridae)* ziehen sich bei Gefahr in eine selbstgefertigte Röhre zurück. Mit blitzschnellen Bewegungen fädeln sie sich rückwärts in die Röhre ein. Die Röhrenaale leben in großen Kolonien, die wie ein Spargelfeld aussehen. Bis zu 5000 Tiere können in einer Kolonie vorkommen. Die Röhre wird durch kurze Stoßbewegungen mit dem Schwanzende gegraben, das sich in Anpassung an das Sandleben in einen harten und spitzen Bohrer ausgebildet hat. Zusätzlich befindet sich am Schwanzende eine Schleimdrüse, die ein Sekret ausscheidet, das die Innenwände der Röhre verfestigt. Röhrenaale sind für Räuber eine Delikatesse, doch sind sie nur schwer zu erbeuten. Der tarnfarbige Eidechsenfisch *Synodus* legt sich zum

Beispiel in der Nähe einer Röhre auf die Lauer und wartet, bis der Aal hervorkommt. Allerdings kann er nur kleinen Tieren gefährlich werden. In Madagaskar verfolgte ich, wie Stachelmakrelen von oben wie Sturzkampfflieger auf die Aalkolonien zustießen. Einige Schnapper versuchten es mit Blitzangriffen von der Seite her. Ich habe jedoch nie beobachten können, daß solche Angriffe Erfolg hatten.

Das freie Wasser über dem Riff und die Hochsee

Auch im Freiwasser über dem Riff gibt es aufeinander fest eingeschworene Lebensgemeinschaften. Viele Riff-Fische driften in ihrer Jugend als kleine, freischwimmende Larven mit dem Plankton dahin und kehren erst später zum Riff zurück. Andere schwimmen nur zum Fressen in das offene Wasser hinaus. So streifen die *Caesio*-Fische in riesigen Schwärmen umher und fischen draußen vor dem Riff nach Plankton. Abends kehren sie zum Riff zurück und schlafen am Boden in der Nähe der Korallen. Auch der dunkelviolette Drückerfisch *Odonus niger* hält sich in kleinen Gruppen in einiger Entfernung vom Riff auf. Jeder Fisch hat ein bestimmtes Schlupfloch im Riff, in das er sich bei Gefahr zurückziehen kann. In diesem Loch schläft er auch nachts. Zur Ablaichzeit sind die Drückerfische besonders aggressiv und greifen sogar vorbeischwimmende Taucher an. Dabei zeigen sie ihr kräftiges Gebiß mit den orangefarbenen Zähnen, mit denen sie tiefe Löcher in den Tauchanzug stanzen und schmerzhafte Wunden zufügen können.

Viele Fische bleiben jedoch zeitlebens im freien Wasser. Dicht unter der Wasseroberfläche jagen Hornhechte *(Strongylura)* und Halbschnabelhechte *(Hemiramphus)* nach kleinen Schwarm-Fischen. Die Hechte jagen oft in Gruppen und veranstalten regelrechte Treibjagden. Auch die großen räuberischen Stachelmakrelen schwimmen zu zweit oder zu dritt. In plötzlichen Überraschungsangriffen stürzen sie sich mit rasender Geschwindigkeit auf die Beute. Ähnlich jagen auch die pfeilschnellen Bonitos. Zu den Bewohnern des freien Wassers über dem Riff zählen schließlich auch einige Haiarten. Der Marderhai *(Triaenodon obesus)* schwimmt meist in Bodennähe, jagt aber seine Beute am Riffabfall. Der Schwarzspitzenhai *(Carcharhinus melanopterus)* und der Grauhai *(Carcharhinus menisorrah)* halten sich dagegen meist im Freiwasser vor dem Riffabfall auf. Mitunter erscheinen Hochseehaie zur Beutejagd am Riff. Der Tigerhai schwimmt sogar bis in flache, nur wenige Meter tiefe Buchten hinein. Die Riffbewohner geraten beim Auftauchen eines Haies in höchste Alarmbereitschaft und ziehen sich in geschützte Winkel zurück.

Fernab vom Riff beginnen die Tiergemeinschaften des Pelagials, der Hochsee, die, vom Boden unabhängig, immer in dieser unendlichen blauen Wasserwüste leben. Um nicht in die Tiefe abzusinken, haben viele federleichte Körperfortsätze entwickelt, mit denen sie sich frei schwebend im Wasser halten können. Andere lagern Öltröpfchen in ihrem Körper ein, die leichter als Wasser sind.

Die bizarren Medusen bestehen zu fast 99 % aus Wasser und halten sich durch pumpende, pulsierende Bewegungen ihres Schirmes frei im Wasser. An den Rändern ihrer Schirme haben sie einfache Lagesinnesorgane. Da sie keine schwierigen Bewegungsmanöver durchzuführen brauchen, sind ihre Sinnesorgane auf ein Mindestmaß beschränkt. Ein Forscher sagte einmal, daß die Medusen nur den Schlag ihrer eigenen Glocke verspüren. Einige Medusen haben Gasdüsen und füllen ihren Körper mit Gas auf, um sich an der Oberfläche zu halten, wie zum Beispiel die Staatsqualle *Physalia*. Die Quallen fangen mit ihren langen Tentakeln, die bis zu 50 m lang werden können, Plankton – die Hauptnahrung der meisten Hochseebewohner. Selbst die größten heute existierenden Fische ernähren sich davon, so der 15–20 m lange Walhai oder der Mantarochen, der Spannweiten bis zu 8 m erreicht. Kleinere Fische haben sich meist zu Schwärmen zusammengeschlossen, denn im Schwarm ist das Einzelindividuum sicherer (s. Kapitel ›Schwarmverhalten‹).

Schwerer tun sich die großen Hochseeräuber bei ihrer Nahrungsbeschaffung, wie Tiger-, Blau- und Weißflossenhai. Sie müssen ständig auf der Jagd sein, um ihren Hunger zu stillen. Die Hochsee bietet ihnen nicht so viel Nahrung wie ihren Verwandten am Riff, die im Vergleich zu ihnen in einem Schlaraffenland leben.

Korallenriffe in Gefahr

Die in ihren Lebensansprüchen sehr wählerischen Korallen sind stark von Einflüssen ihrer Umwelt abhängig, aus der ständig Gefahren drohen. Wehrlos sind sie den zerstörenden Kräften der Brandungswellen ausgesetzt. Wirbelstürme gehen über viele Koralleninseln hinweg und vernichten große Teile der Fauna. Auch Süßwasser richtet in Küstennähe oft erhebliche Schäden an.

Im Riff selbst gibt es zahlreiche Tiere, die Korallen zerstören. Papageifische und Drückerfische haben wir schon als Korallenfresser kennengelernt. Auch Schnecken sind Feinde der Korallen. Der Gastropode *Jenneria* frißt 1 g Korallensubstanz pro Tag. Auf einer Fläche von einem Hektar können bis zu 10 000 Individuen dieser Gattung vorkommen. Die kleine Krabbe *Trizopagurus* frißt nur 10 mg pro Tag, dafür kommen aber bis zu 250 000 Individuen pro Hektar vor, wie amerikanische Wissenschaftler ermittelten.

Ein besonders gefährlicher Korallenfresser ist der vielarmige, stachlige Dornenkronenseestern *Acanthaster plancii* (Abb. 12–14). Er wird bis zu 60 cm groß und frißt in einem Monat etwa 1 qm Polypenfläche auf. Dieser Seestern hat sich in den letzten Jahren im pazifischen Raum so stark vermehrt, daß er zu einer ernsten Gefahr für die Korallenriffe geworden ist. Die bisher aufgetretenen Schäden sind alarmierend, und es ist zur Zeit noch nicht möglich, die Folgen abzusehen. Im Sommer 1969 wurde deshalb die Pacific Reef Starfish Expedition mit 80 Meeresbiologen nach Mikronesien geschickt, um das Verhalten der Dornenkrone und die Ausmaße der Riffzerstörungen zu studieren. Die Wissenschaftler stellten fest, daß auf den Inseln Guam, Ponape, Rota und Saipan Tausende von Dornenkronen in oft kilometerlangen Fronten die Riffgebiete total zerstört haben. Auch 200 km des Barriere-Riffes sollen bereits vernichtet sein. In Australien führten Meeresbiologen Zählungen durch, um einen Einblick in die Bevölkerungsdichte der Tiere zu bekommen. Endean schwamm 100 Minuten durch ein Riff auf Green Island: Er fand über 5750 Exemplare. Die Seesternplage nahm solche Ausmaße an, daß die Regierung von Queensland ein Sonderkomitee ins Leben rief und Geldmittel zur Erforschung der Lebensweise des Acanthasters zur Verfügung stellte. Man beschäftigt sich auch mit der Frage, ob einmal zerstörte Riffe sich wieder regenerieren können und sich wieder neuer Korallenwuchs einstellt. Zerstörte Riffe werden nämlich innerhalb kurzer Zeit von Grünalgen überwuchert, die eine Wiederbesiedlung durch Korallenpolypen verhindern können. Durch den Rückgang des Fischbestandes in der Nähe abgestorbener Riffe ist der Fischerei großer Schaden entstanden. Es wird auch befürchtet, daß kleine Atolle, die durch die Korallenriffe einen natürlichen Schutzwall um sich herum gebildet haben, jetzt leichter der Erosion der Meereswellen zum Opfer fallen.

Wo liegt die Ursache zu dieser Massenvermehrung der Seesterne? Dazu wurden verschiedene Hypothesen aufgestellt. Die Tritonschnecke *(Charonia tritonis)* ist ein natürlicher Feind des Acanthasters. Touristen haben diese schöne Schnecke in vielen Teilen Australiens intensiv gesammelt, und man glaubte daher, daß durch die Vernichtung des natürlichen Feindes eine starke Vermehrung des Seesterns erfolgt sei. Dagegen spricht jedoch, daß es viele Korallenriffe gibt, in denen die Tritonschnecke ebenfalls gesammelt wurde, ohne daß sich der Seestern vermehrte. Einige Wissenschaftler sind der Ansicht, daß durch Unterwasserexplosionen und andere Eingriffe des Menschen in das Leben am Meeresboden viele Planktonfiltrierer, die auch die kleinen freischwimmenden Larven des Seesternes fangen, getötet wurden. Die Bodenoberfläche sei jetzt von den Larvenfeinden unbesetzt, so daß mehr Seesternlarven das fortpflanzungsfähige Alter erreichen. Auch ein Temperaturanstieg im westlichen Pazifischen Ozean kurz vor dem ersten Massenauftreten könnte für die Bevölkerungsexplosion der Seesterne verantwortlich sein. Schließlich stellte man sogar eine Mutations-Theorie auf: Die Erbanlagen der Tiere hätten sich so stark verändert, daß jetzt der Seestern besser an seine Umwelt angepaßt sei. Es ist jedoch sehr unwahrscheinlich, daß solche ›revolutionären‹ genetischen Veränderungen des Erbgutes gleichzeitig in vielen Teilen des Pazifik auftreten.

Neueren Berichten zufolge sind auch schon in früheren Zeiten Massenvorkommen der Dornenkrone beobachtet worden. So besteht die Möglichkeit, daß bestimmte Kombinationen von Umweltbedingungen (Feinde, Futter, Parasiten, physikalisch-chemische Einflüsse usw.), die die Bevölkerungsdichte des Seesternes kontrollieren, periodisch zu besonders guten Brutjahren führen. Wenn das gegenwärtige Massenvorkommen das Ergebnis solcher periodischen Einflüsse ist, können wir hoffen, daß sich in Zukunft die Bevölkerungsdichte des Seesternes wieder auf ein normales Maß einpendelt.

Die heutigen Bekämpfungsmethoden sind einfach, aber nicht wirkungsvoll genug. Die Seesterne werden durch Taucher eingesammelt, oder man tötet sie unter Wasser durch Formalininjektionen. Als ich kürzlich die Insel Okinawa im Pazifik besuchte, stellte ich auch dort Zerstörungen der Riffe fest. Die Sporttaucher von Okinawa haben bisher über 2000 Seesterne gesammelt. Nur die Erforschung der Lebensweise des Acanthasters wird uns ermöglichen, biologische Bekämpfungsmethoden zu entwickeln und sie zweckentsprechend einzusetzen.

Normalerweise sorgt die natürliche Auslese für ein ökologisches Gleichgewicht im Riff, so daß die Feinde des Riffes nicht in Erscheinung treten. Erst wenn dieses Gleichgewicht gestört ist, werden die Feinde plötzlich zu einer ernsten Gefahr. Amerikanische Wissenschaftler glauben, daß ein einmal zerstörtes Riff wenig Chancen hat, sich wieder zu regenerieren, denn die Riffzerstörung schreitet ab einer bestimmten ›kritischen Phase‹ immer schneller voran, weil sich den Feinden eine immer größere Angriffsfläche bietet. In den letzten Jahren hat sich auch der Mensch als ein gefährlicher Zerstörer des ökologischen Gleichgewichtes im Korallenriff entpuppt. Mit Harpunen ausgerüstete Unterwasser-Touristen haben nicht nur die Fischwelt vieler Riffe dezimiert, sondern auch durch sinnlose Plündereien der Korallenfauna Schäden zugefügt. Jeder will aus den Tiefen der tropischen Meere ein Souvenir mit nach Hause nehmen. Abgebrochene Korallenäste beginnen an der Luft nach kurzer Zeit übel zu riechen, so daß sie sehr schnell wieder weggeworfen werden. In Hurghada am Roten Meer wurde durch den Bau eines Hotels zahlreichen Touristen die Möglichkeit gegeben, in Korallenriffen zu tauchen. Ich habe selbst mitverfolgen können, wie innerhalb weniger Jahre die einstmals blühenden Riffe zerstört wurden. Leider schützen viele Staaten Korallenriffe erst dann, wenn bereits große Schäden aufgetreten sind – so auch in Hurghada. Das Korallenriff ist ein empfindlicher und äußerst störungsanfälliger Lebensraum, und einmal zugefügte Schäden sind kaum wieder zu beheben – auch nicht durch verspäteten Naturschutz.

Wir wissen, daß das Meer heute die Abfallgrube der Nationen ist. Cousteau hat vorausgesagt, daß unsere Enkel ein Korallenriff nicht mehr erleben werden, wenn wir unsere Einstellung zum Meer nicht grundsätzlich ändern. Wir müssen endlich begreifen, daß das Meer und damit auch das Korallenriff ein Teil unserer eigenen Umwelt ist, mit dessen Eroberung sich die Verpflichtung zu seinem Schutz verbindet.

Die Sprache der Signale

Schockfarben fallen auf – auch bei Fischen. Die Farbenfreude der
Fischwelt des Riffs hat jedoch existentielle Bedeutung.
Außerdem kann Farbe als Signal Träger einer Mitteilung sein:
Fische können sich durch sie verständigen. Ihre Verständigungs-
möglichkeiten sind damit aber noch längst nicht erschöpft:
Farbwechsel, Blinkzeichen und signalartige Verhaltensweisen ver-
vollkommnen ihre Kommunikation.

48 Farben dienen der Arterhaltung. Die Schmetterlingsfische (Chaetodon austriacus) aus dem Roten Meer schwimmen meist paarweise zusammen. Ihre auffallende Körperfärbung und das Paarschwimmen dienen der Erhaltung der Art.

◁ 49 Der Lippfisch (Lienardella fasciatus) beim frontalen Drohen. Die meisten bodenbewohnenden Fische des Riffs sind ortstreu und verteidigen ein von ihnen besetztes Revier. An den Reviergrenzen kommt es zu Drohduellen, die nach einem festen Ritual ablaufen.

51

50

52

50–53 Die Jungtiere (50, 52) vieler Riff-Fische sind anders gefärbt als die Erwachsenen (51, 53). Die signalartig auffallende Färbung ist Auslöser für innerartliches Kampfverhalten, das der Verteidigung des Reviers dient. Die Jungtiere könnten sich vor den Angriffen der Alten nicht schützen, wären sie nicht ›maskiert‹. Oben: Engelfisch (Pomacanthus paru), unten: Kaiserfisch (Pomacanthus imperator).

53

◁ 54 Die Schmetterlingsfische, hier Chaetodon chrysurus, sind besonders artenreich im Riff vertreten. Die verschiedenen Arten sind unterschiedlich spezialisiert. Ihre auffälligen Plakatfarben sind eine Artmarkierung, Signale, die an den Rivalen, aber auch an den paarungswilligen Geschlechtspartner gerichtet sind. Je markanter und ausgefallener die Färbung und Körperzeichnung, desto geringer die Irrtümer bei der Partnerwahl.

55

56

57

58

55–59 Die Fische des Riffs haben sich auf die verschiedenste Weise ihrem Lebensraum angepaßt, außerdem sind sie unterschiedlich spezialisiert. So werden die Lebensmöglichkeiten des Riffs maximal ausgenutzt. Durch signalartig auffallende Färbungen können sich die verschiedenen, untereinander nicht in Konkurrenz stehenden Spezialisten erkennen. Während die Signalfarben beim gleichspezialisierten Artgenossen Aggression auslösen und so zur Verteilung der Individuen über den zur Verfügung stehenden Lebensraum beitragen, ermöglichen sie andererseits das friedliche Nebeneinanderleben der Spezialisten. Unterschiedliche Spezialisierung begünstigt also unterschiedliche Färbung. Auch jung und alt einer Art sind verschieden spezialisiert, und auch bei ihnen treten unterschiedliche Färbungen auf (vgl. Abb. 50–53).
55: Gaterin orientalis (Süßlippe).
56: Gramma loreto. 57: Halichoeres centriquadrus. 58: Pygoplites diacanthus(Pfauenkaiserfisch).59: Chaetodon semilarvatus (Zitronenfisch).

59

60, 61 Viele Fische des Riffs färben sich zur Nachtzeit um. Hier ein Caesio, schlafend (60) und tagsüber (61). Die Nachtfärbung dient vermutlich der Tarnung gegen dämmerungs- aktive Räuber.

62 Ein seltener Schnappschuß im nächtlichen Korallenriff. Leuchtfische der Gattung Photoblepharon tragen ein Leuchtorgan unterhalb ihres Auges. Durch einen lidartigen Pigmentvorhang können sie dessen Lichtschein unterbrechen. Sie senden Blinksignale! Bei zwei Tieren ist gerade der Pigmentvorhang herunter- gezogen und verdeckt dadurch das weiße Leuchtorgan. Die Aufnahme entstand im flachen Wasser an der Sinaiküste im Golf von Akaba. Über die Bedeutung der Signale ist noch nichts bekannt.

63 Fische können durch Farb- wechsel, wie hier der Großaugenbarsch (Priacanthus hamrur), den Art- genossen Stimmungen mitteilen. Der Farbwechsel wird durch besondere Pigmentzellen in der Körperhaut hervorgerufen.

60

61

62

65

66

◁64 Die auffällige Färbung des Anemonenfisches (Amphiprion bicinctus) ist eine Warntracht, während die großen weißen Flecken der jungen Korallenbarsche (Dascyllus trimaculatus) vermutlich soziale Erkennungssignale sind.

65 Die Muräne (Lycondontis javanicus) zeigt einem angreifenden Räuber ihre farbenprächtige Mundhöhle, ein Warnsignal. Plötzliches Zeigen auffälliger Zeichnungsmuster hat auf viele Tiere eine abschreckende Wirkung.

66 Viele Schwarmfische, hier der Seebader (Acanthurus monroviae), tragen optische Nachfolgesignale, an denen sich die Artgenossen erkennen können und die das Zuschwimmen von abgesprengten Fischen auf die Gruppe auslösen.

67 Signale zur Verständigung. Die Putzergrundel (Elacatinus oceanops), als kleiner blauer Strich im Maul des Zackenbarsches (Epinephelus itajara) zu erkennen, wagt sich zum Parasitensammeln in die ›Höhle des Löwen‹. Der Zackenbarsch fordert die Grundel durch Maulaufreißen zum Putzen auf.

◁ 68 Die versteckt sitzende Putzergarnele (Stenopus) bewegt ihre auffälligen weißen Antennen, mit denen sie Putzkunden herbeilockt.

69 Der Riffbarsch (Aethaloperca rogaa) öffnet sein Maul weit, damit die kleinen Putzergarnelen (Leandrites cyrthorhynchus) hineinklettern können. Durch angedeutetes Schließen des Maules fordert er sie später auf, ihn wieder zu verlassen.

70 Die Signale der Putzer locken Kunden an, die vor ihnen in Putzaufforderungsstellung gehen. Ein Wolf im Schafspelz, der junge Schleimfisch (Runula rhynorhynchus), ahmt das Farbkleid junger Putzer nach, um in die Nähe der Kunden zu kommen. Blitzschnell beißt er ihnen dann Hautstücke ab.

Wozu Fische bunt sind

Als ich vor 10 Jahren zum erstenmal in einem Korallenriff tauchte – es war in Hurghada am Roten Meer –, da bewegte mich beim Anblick all dieser bunten Lebewesen, die mir flossenschlagend, rudernd, schwebend oder kriechend entgegenkamen, die Frage nach dem Zweck dieser überraschenden Schönheiten. Fragt man mich heute, wozu die Farbenpracht vieler Korallen und Schwämme, die schillernden Regenbogenfarben und die kunstvoll ausgeführten Ornamente in den Körperzeichnungen von manchmal nur wenige Millimeter großen Muscheln und Schnecken gut sein könnten, muß ich zugeben, daß ich auch heute nach 10 Jahren Arbeit im Korallenriff noch keine Antwort weiß.

Ich beschäftigte mich jedoch – angeregt durch meinen Lehrer Konrad Lorenz – mit den farbenfrohen Mustern und Zeichnungen einiger Riff-Fische, die durch ihre Farbenpracht nicht weniger auffallen und jedem Taucher sofort ins Auge springen: Da gibt es knallgelbe, hochrückige Bratpfannen, die flink zwischen den Korallenästen umherschwirren, leuchtend-blaue Gestalten ziehen in Scharen über das Riff, und kleine, wie Juwelen schillernde Körper flitzen über den Meeresboden. Konrad Lorenz, der diese weithin sichtbaren Fische als plakatfarbig bezeichnete, hat seine Beobachtungen so beschrieben:

›Die schreiend bunten plakatfarbigen Fische sind alle ortsansässig. Nur von ihnen habe ich gesehen, daß sie ein Revier verteidigen. Ihre wütende Angriffslust hat nur ihresgleichen zum Ziel, nie habe ich Fische zweier verschiedener Arten einander angreifen sehen, und seien beide noch so aggressiv.‹

Die Plakatfarben sind innerartliche Signale, die beim Artgenossen heftige Revierverteidigung auslösen. Die Farben dienen der Arterhaltung und sind im Daseinskampf entstanden. Um das verständlich zu machen, muß ich etwas mehr über die Lebensweise der Plakatfarbigen am Riff erzählen.

Nahrungsspezialisten

Im Korallenriff herrschen optimale Lebensbedingungen vor, die vielen Fischen Existenzmöglichkeiten oder sogenannte ökologische Nischen bieten. Die einen zupfen an den weichen Teilen der Korallenpolypen, andere knacken Muschelschalen auf oder knabbern Korallenäste ab, wie etwa der Papageifisch. Der bekannte Putzerfisch *(Labroides dimidiatus)* und die Putzergrundel *(Elacatinus)* haben sich darauf spezialisiert, anderen Fischen die ›Parasiten‹ abzusammeln. Ein Engelfisch in der Karibischen See frißt Schwämme, die spitze Skelettelemente enthalten und für andere Fische ungenießbar sind. Einige Spezialisten, wie zum Beispiel der große blaue Drückerfisch *(Balistes fuscus)*, knacken sogar das Stachelbündel der giftigen Diadem-Seeigel. Ein Lippfisch hält sich zeitweise zwischen den nesselnden Tentakeln von Seeanemonen auf, von deren Oberfläche er eingefangene Planktonteilchen absammelt. Eine Grundel *(Cottogobius)* stiehlt die von ihrem Wirt, einer Peitschenkoralle, mühsam eingesammelte Nahrung. Alle diese Tiere haben sich in Körperbau und Verhalten an ihren besonderen Nahrungserwerb angepaßt. Diese stammesgeschichtlich erworbene Spezialisierung ermöglicht ihnen das Ausnutzen von Nahrungsquellen, die anderen nur schwer zugänglich sind. Dem Spezialisten wird daher jedes Tier gefährlich, das die gleiche Nahrung frißt: Nicht nur der Räuber bedroht also die Existenz eines Individuums, sondern auch der Artgenosse. Der Kampf ums Dasein spielt sich in nicht weniger dramatischer Form zwischen den konkurrierenden, nahe verwandten Arten ab. Macht eine Art im Zufallsspiel von Mutation und Selektion eine neue Erfindung, so kann selbst ein gut angepaßtes Tier aus dem Rennen geworfen werden. Es ist ein in der Natur weitverbreitetes Phänomen, daß sich konkurrierende Arten so weit wie möglich über den zur Verfügung stehenden Raum verbreiten, um die Nahrungsquellen maximal auszunutzen und um den scharfen innerartlichen Wettbewerb zu mildern. Die innerartliche Aggression stößt die Individuen einer Art gegenseitig ab, als distanzregulierender Mechanismus dient sie der Ausbreitung der Individuen einer Art. Lorenz sieht deshalb in den Plakatfarben der ortstreuen Riff-Fische Signale, die dem Erkennen der eigenen Art dienen und im Revierbesitzer beim Anblick eines Artgenossen Angriffsreaktionen auslösen. Im Aquarium konnte Lorenz beobachten, daß sich die plakatfarbigen Fische durchweg aggressiver verhielten als die weniger bunten.

Bei meinen eigenen Beobachtungen im Korallenriff konnte ich feststellen, daß auch farblich unscheinbare, territoriale Fische wie die Teufel kämpfen, sobald sich ein Artgenosse nähert. Umgekehrt wieder gibt es bunte Arten, die sich durchaus ›friedlich‹ verhalten. Das heißt: Plakatfarbigkeit tritt nicht unbedingt gepaart mit Aggressivität auf. Plakathafte Körpermuster sind jedoch bei artenreich vertretenen Fischgruppen auffallend häufig – so zum Beispiel bei Schmetterlingsfischen *(Chaetodontidae)*. In allen Korallenriffen der Erde kommen diese flachen, hochrückigen Fische vor. Sie heißen auch Borstenzähner, weil sie mit borstenartigen, spitzen Zähnen Kleintiere, Polypen und Algen von der Korallenoberfläche abzupfen.

Ich hatte schon den Pinzettfisch *(Chelmon)* und den Schnabelfisch *(Forcipiger)* vorgestellt, typische Vertreter der Plakatfarbigen. Ihre Körper sind schon aus großer Entfernung zu erkennen. Mit ihren schnabelförmigen Schnauzen saugen sie kleine Beute aus tieferen Verstecken heraus, die andere verwandte Schmetterlingsfische nicht erreichen können.

Nach intensiven Beobachtungen dieser Fische in unseren Seewiesener Aquarien war ich gespannt darauf, Schmetterlingsfische draußen im Korallenriff zu beobachten. Wie sind sie dort spezialisiert? Welcher Selektionsdruck mag ihre unterschiedlichen Zeichnungen, Muster und Plakatfarben hervorgebracht haben?

Beobachtungen an Schmetterlingsfischen

Zu Beginn meiner Untersuchungen im Riff markierte ich einzelne Tiere mit kleinen Plastikmarken, um sie unter Wasser verfolgen und beobachten zu können. Es bestätigte sich schon nach den ersten Tagen, daß die Schmetterlingsfische tatsächlich ortstreu sind und ihr Revier auf das heftigste verteidigen. In Eilat am Roten Meer kennzeichnete ich drei benachbarte Wimpelfisch-Paare *(Heniochus intermedius)*, die ich jetzt schon seit zwei Jahren immer am gleichen Ort vorfinde. Das Paar Nr. 1 vom großen linken Revier kommt gegen Abend regelmäßig zu einer umgefallenen Acropora-Koralle und wartet hier auf das Nachbar-Paar Nr. 2. Beide Paare drohen sich gegenseitig an und schwimmen nach kurzer Zeit wieder davon. Keiner überschreitet die unsichtbaren Reviergrenzen.

Die Reviere der markierten Tiere sind unterschiedlich groß. Ein einzelner *Chaetodon lineolatus* hatte ein Riffgebiet von über 500 m Länge mit Beschlag belegt. Ich kannte die Patrouillengänge innerhalb seines Revieres genau.

Bei den Beobachtungen fiel mir auch auf, daß Schmetterlingsfische an beinahe jedem Untergrund fressen und anscheinend keine besonderen Feinschmecker sind. Das bestätigten auch die Magenuntersuchungen an einigen Arten. Das Nahrungsangebot an Korallenpolypen und anderen Kleintieren ist so groß, daß die einzelnen Arten nicht unbedingt in Konkurrenz zu geraten brauchen. Allerdings bemerkte ich, daß die Fische in der Auswahl ihres Wohngebietes unterschiedlich spezialisiert sind. Insgesamt unternahm ich 221 Tauchabstiege bis zu maximal 90 m Tiefe, um die Tiefenverbreitung der Tiere festzustellen. Die meisten von ihnen kommen nur im flachen Wasser bis zu 20 m Tiefe vor. Einige, wie den Wimpelfisch *(Heniochus acuminatus)*, sah ich dagegen bis in 60 m. *Chaetodon falcifer* wurde von einem Cousteau-Unterseeboot aus in 150 m Tiefe beobachtet. Auch Spezialisierungen auf bestimmte Wohngebiete (Habitate) stellte ich fest: Den Schmetterlingsfisch *Megaprotodon trifascialis* fand ich nur in unmittelbarer Nähe von Acropora-Korallen, während der besonders angriffslustige, schmutziggelbe *Ch. kleinii* vorwiegend in felsigen, oft sogar korallenlosen Gebieten lebt.

Diese Bevorzugungen bestimmter ökologischer Nischen ermöglichen den Schmetterlingsfischen eine maximale Ausnutzung der Lebensbedingungen – und ein friedliches Nebeneinander der Arten, denn sie verhindern Konkurrenz! Um zu erfahren, wie viele Arten von Schmetterlingsfischen in einem Riffgebiet auftreten können, zählte ich die Arten aus, indem ich eine Strecke von 1000 – 1500 m auf geradem Kurs abschwamm. Dabei schätzte ich die Größe der Tiere und notierte auf meiner Unterwasserschreibtafel, ob sie einzeln, verpaart oder in Gruppen lebten. Ich hielt mich immer in der gleichen Riffzone auf, weil sich die Zusammensetzung der Arten von Zone zu Zone ändern kann. Bei Eilat im Roten Meer stellte ich acht, in einigen Riffen im Indischen Ozean sogar vierzehn verschiedene Arten nebeneinander fest. Die Zählungen bestätigten gleichzeitig, daß die meisten Schmetterlingsfische in strenger Dau-

erehe leben. Das dichte Zusammenleben so vieler nahverwandter Tierarten könnte
zur Folge haben, daß sie sich auch untereinander kreuzen. Mischlinge sind meist
unfruchtbar oder anderweitig geschädigt. In der Regel sind sie auch weniger gut
angepaßt und werden daher im Konkurrenzkampf mit den ›reinen‹ Arten ausge-
lesen. Fremdverpaarungen zwischen Tieren sind also in doppelter Hinsicht ineffektiv:
sie bedeuten einen Verlust an Zeit und biologisch wertvollen Keimzellen, außerdem
wird die einmal erworbene Spezialisierung aufs Spiel gesetzt. Wie werden nun zwischenartliche Paarungen verhindert?

Plakatfarben und Dauerehe

Dieses Problem scheint die Natur mit Hilfe der Plakatfarben zu bewältigen. Plakatfarben dienen bei den artenreich vertretenen Fischen der Unterscheidung der verschieden angepaßten Spezialisten. Sie können aber zugleich Artmarkierungen sein,
um Irrtümer bei der Partnerwahl zu verhindern. Je unterschiedlicher die verwandten Arten gefärbt und geformt sind, desto leichter können sie sich auseinanderhalten.
So wird es verständlich, weshalb die Natur einen besonders starken Selektionsdruck
gerade auf optische Unterscheidung legte. Und noch eine Absicherung gegen Fremdverpaarung ist vorhanden: die Dauerehe.
Wickler hat nachgewiesen, daß Paarung und Vermehrung, Paarbindung und Brutpflege nicht unbedingt miteinander verbunden sein müssen. Die Dauerehe der Fische
ist von der Natur nicht unbedingt dazu ›erfunden‹ worden, Kinder hervorzubrin-
gen und aufzuziehen. Nach den bisherigen Beobachtungen wissen wir, daß die in
Dauerehe lebenden Schmetterlingsfische keine Brutpflege betreiben.
Wurde die Wahl des Partners sehr sorgfältig vorgenommen und schwimmt ein Paar
anschließend ein Leben lang gemeinsam umher, so wird die Möglichkeit für Fehlverpaarungen bedeutend verringert.
Der paarungsbereite Fisch wird, wenn er keinen Artgenossen zur Paarung finden
kann, einen Partner wählen, der dem Artgenossen am ähnlichsten sieht. Tatsächlich
habe ich zwischenartliches Paarschwimmen einige Male beobachtet. An einem Riff
bei Madagaskar einen *Ch. auriga* und *Ch. falcula* als Paar: Die Partner waren gleich
groß und wiesen Ähnlichkeiten in Zeichnung und Farbe auf. Im Golf von Akaba
begegnete ich dagegen einem sehr ungleichen Paar: Der dort seltene Zitronenfisch
(Chaetodon semilarvatus) schwamm mit einem Wimpelfisch zusammen, mit dem er
nur noch Größe und flache Körperform gemeinsam hat; Zeichnung und Farbe sind
völlig verschieden. Um Fehlverpaarungen zu verhindern, schwimmen Schmetterlingsfische an den Grenzen ihres Verbreitungsgebietes häufiger im Paar als in dichtbesiedelten Gebieten, wo durchaus einzeln schwimmende Tiere vorkommen können. Die
Dauerehe schützt also besonders in dünnbesiedelten Gebieten vor Fremdverpaarung.
Plakatfarben als Arterkennungssignale und die Dauerehe dienen der Erhaltung der

Arteigentümlichkeiten und bewahren die einmal erworbene Spezialisierung. Daß unterschiedliche Anpassungen auch unterschiedliche Färbungen begünstigen, zeigen uns die Jungtiere vieler Riff-Fische.

Jungtiere maskieren ihre Art

Für alle Jungtiere der plakatfarbigen Fische besteht die Schwierigkeit, sich gegen ihre erwachsenen Artgenossen zu behaupten. Wie sollen sie sich entwickeln können, wenn sie laufend von den Erwachsenen angegriffen werden?
Aus dieser Zwangslage hat die Natur mehrere Auswege gefunden. Einige Jungtiere wohnen in Zonen, in denen die Erwachsenen nicht vorkommen. Sie besiedeln zum Beispiel Tümpel in der Gezeitenzone. Wenn sie innerhalb der Reviere der Erwachsenen leben, suchen sie Orte auf, wo sie vor den Angriffen der Alttiere sicher sind. Viele halten sich zwischen den Stacheln der großen Diadem-Seeigel oder zwischen den schmalen Ästchen von Acropora-Korallen auf. Die Jungtiere bewohnen nicht nur ein anderes Gebiet, sie fressen wahrscheinlich auch eine andere Nahrung als die Alten. Außerdem sind sie anders gefärbt. Viele Jungtiere sind in Zeichnung und Körperfarbe so verschieden von den Erwachsenen, daß selbst Fischexperten irrten und einige Jungtiere als eigene Arten beschrieben. Erst innerhalb ihrer Entwicklung färben sie sich um und nehmen langsam das Farbkleid der Alttiere an (Abb. 50–53).
Dieses Maskieren der eigenen Art ermöglicht die friedliche Nachbarschaft von alt und jung. Selbst im Aquarium greifen sich die verschieden gefärbten Altersklassen selten an. Häufig haben die Jungtiere ein markantes, rundes Muster in der Körperzeichnung – einen Augenfleck, der in der Tracht der Alten oft fehlt. Vermutlich soll er den Effekt der Artmaskierung verstärken; Augenflecke treten besonders bei solchen Jungtieren auf, deren Körperzeichnung schon größere Ähnlichkeit mit den Erwachsenen aufweist.

Die Sprache der Signale

Schwimmt man aufmerksam beobachtend über eine Rifflandschaft hinweg, kann man leicht feststellen, daß die Tiere keineswegs stumm sind. Überall gurrt, knackt oder brummt etwas, und erstaunt sieht man sich nach den geheimnisvollen Rufern um. An wen sind diese Laute gerichtet? Auch Verhaltensweisen werden oft so auffällig vorgeführt, daß man gern erfahren würde, was die Tiere mit diesen Gesten ausdrücken wollen. Oft habe ich in solchen Fällen in der Umgebung nach einem Empfänger Ausschau gehalten, an den das Verhaltenssignal adressiert ist, denn er könnte durch seine Reaktion verraten, ob er das Signal verstanden hat.
Tierische Verständigung im Meer ist genauso vielschichtig wie an Land. Allerdings

bereitet ihre Erforschung ziemliche Schwierigkeiten. In den lichtdurchfluteten Korallenriffen, besonders im flachen Wasser, spielt die Sprache der Farben und Zeichnungsmuster eine wichtige Rolle, wie wir schon am Beispiel der Plakatfarben vieler Fische gesehen haben.

Als tierische Signale können Farb- und Zeichnungsmuster, Laute, Düfte, Gesten oder auch Berührungsreize dienen. Für die inner- oder zwischenartliche Verständigung ist immer ein Signalsender nötig, von dem eine Nachricht ausgeht, und ein Empfänger, der das Signal versteht. Doch woher wissen die Tiere, was die einzelnen Signale bedeuten? Haben sie dafür ein angeborenes Programm oder erlernen sie die Entschlüsselung? Die Bedeutung von Signalen wird häufig vom Empfänger erst durch Erfahrung gelernt. Jedoch sind meist angeborene Mechanismen dafür verantwortlich, daß ein Tier auf ein Signal hin überhaupt reagiert. Ich will hier von einigen Beobachtungen berichten, bei denen wir wissen, welche Bedeutung Signale bei der Verständigung der Fische haben und welche Mitteilungsmethoden die verschiedenen Tierarten benutzen.

Signale bei der Balz

Seit einigen Jahren beobachte ich den Korallenbarsch *(Dascyllus trimaculatus)*. Dieser etwa 10 – 13 cm lange ortstreue Fisch lebt in Gruppen, denen bis zu 80 Individuen angehören können. In bestimmten Zeitabständen laicht die gesamte Kolonie ab. Die Männchen gründen kurz vorher ein Revier und bereiten darin einen Nestplatz vor. Plötzlich beginnen sie mit merkwürdigen Sprüngen: Steil schießen sie aufwärts, kippen nach etwa einem Meter wieder ab und kehren zum Netzplatz zurück. Diese Sprünge wiederholen sie mehrmals. Überall in der Kolonie sieht man auf einmal springende Männchen, die durch dieses auffällige Verhalten ihren Nachbarn signalisieren: Hier ist mein Revier, das ich gegen jeden Eindringling verteidigen werde! Vermutlich dient das Signal zugleich der Stimulierung der Weibchen.

Am Ablaichtag führen die Männchen bereits kurz nach Sonnenaufgang intensive Signalsprünge aus. Deutlich vernimmt man jetzt auch einen kräftigen Brrr-Laut, der jedesmal ertönt, wenn der Fisch am Zenit seines Sprunges angekommen ist. Die ablaichwilligen Weibchen halten sich jetzt bereits in der Nähe des Nestplatzes auf. Ist es einem Männchen schließlich gelungen, ein Weibchen durch angedeutete Signalsprünge anzulocken, schwimmen beide zum Nestplatz. Auf dem Nachhauseweg springt das Männchen einmal nach rechts und dann wieder nach links, und erst kurz vor dem Nest schwimmen beide paarweise dicht nebeneinander. Am Nestplatz angekommen, beginnt das Weibchen sofort mit dem Ablaichen. Das Männchen streift mehrmals über das Gelege, wobei es seinen Samen ausstößt, zwischendurch schaut es seinem Partner beim Ablaichen zu. Dabei zittert sein Vorderkörper auffällig hin und her, und wieder stößt es einen gut hörbaren Brrr-Laut aus.

94

Manchmal ist das Weibchen noch beim Ablaichen, während das Männchen bereits wieder andere Weibchen mit seinen Signalsprüngen herbeilockt. Wieder führt dann das Männchen ein ablaichwilliges Weibchen paarschwimmend zum Gelege. Erblickt es jedoch die noch ablaichende alte Partnerin, vertreibt es die ›neue Liebe‹ wieder und ergreift Partei für das alte Weibchen. Bei der Beobachtung der Korallenbarsche wurde mir klar, daß sich die vorher einander nicht bekannten Männchen und Weibchen der Kolonie aufeinander abstimmen, also in die gleiche physiologische Bereitschaft gelangen müssen, um Samen und Eier gleichzeitig ausstoßen zu können. Durch die optisch auffälligen Signalsprünge und die deutlich hörbaren Brrr-Laute bringen die Männchen die Weibchen der Kolonie in die entsprechende Stimmung und lösen so die Eireifung und später die Eiablage aus. Erst unlängst wurde an der Universität von Tel Aviv im Aquarium nachgewiesen, daß die Weibchen von *Dascyllus trimaculatus* auch ohne Anwesenheit des Männchens allein durch ins Wasser übertragene Männchenlaute zum Ablaichen veranlaßt werden können. Das zeigt, wie wichtig auch unter Wasser die Verständigung durch Laute sein kann.

Signale beim Kampf

Anne Rasa aus unserem Institut hat an einem anderen Korallenbarsch *(Pomacentrus jenkinsi)* festgestellt, daß er beim Kämpfen durch Farbe und Zeichnung des Auges mit seinem Gegner ›spricht‹. Erscheint ein Querbalken im Auge, ist der Fisch besonders aggressiv. Gleichzeitig besteht eine Beziehung zwischen der Augenfarbe und -zeichnung und der Stellung der Rückenflosse. Fluchtbereitschaft wird z. B. durch Aufstellen der Flosse angezeigt. Selbst der menschliche Beobachter kann demnach voraussagen, wie ein Kampf ausgehen wird, wenn er alle diese Eigenschaften der Fische zu deuten weiß. Allerdings muß er dazu dem Fisch genau ins Auge sehen können, und das ist nicht immer ganz leicht, weil Farbe und Zeichnung des Auges nicht so auffällig wie andere Farbmerkmale am Körper hervortreten.

Augenflecke

Einige Fische haben ähnliche Methoden gefunden, ihre Stimmung beim Kämpfen anzuzeigen. Besonders bei Schmetterlingsfischen finden wir große, meist schwarze Signalflecken am hinteren Körperende oder in den Flossen, die man als Augenflecke bezeichnet. Die wirklichen Augen dieser Fische sind meist durch eine breite schwarze Binde getarnt. Früher glaubte man, die Fische würden durch den Augenfleck einen falschen Kopf vortäuschen. Viele Raubfische beißen nämlich ihre Beute in den Kopf, wobei sie sich an deren Augen orientieren. Wenn das Beutetier nun plötzlich in entgegengesetzter Richtung davonschwimmt, wird der Räuber irritiert.

Wickler stellte fest, daß sich die Angriffe des kleinen Raubfisches Runula, der anderen Fischen Hautstücke abbeißt, auf die Augenflecke richten. Die getarnten Augen selbst blieben meist verschont. Diese Räuber sind jedoch nicht so häufig, als daß ihre Opfer aus Furcht vor ihnen tarnende Balken über dem Auge und falsche Augen anderswo anbringen müßten. Im Aquarium verfolgte ich, wie Augenflecken auch als innerartliche Signale funktionieren: Sie dienen einem angreifenden Rivalen als Zielscheibe. Der Wahrnehmungsapparat springt auf ein markantes, rundes Muster, wie den Augenfleck, besonders an. Ein Rivale wird in seiner Angriffslust den Gegner in Körperstellen beißen, die ihm besonders auffallen. Einige Schmetterlingsfische haben nun die Fähigkeit entwickelt, ihren Augenfleck zusätzlich farblich zu verändern, etwa der Pinzettfisch *(Chelmon rostratus)* und der Augenfleckfisch *(Chaetodon capistratus)*.

Durch Zufall beobachtete ich bei diesen Arten stark ritualisierte Drohkämpfe, die wie Turniere nach festen Regeln ausgetragen werden: Gleichstarke Gegner bedrohen sich breitseits und versuchen dabei, den künstlichen Augenfleck anzupeilen. Die Fische stellen sich Kopf zu Schwanz gegenüber, damit sie den Augenfleck des anderen genau aufs Korn nehmen können. Sobald sich ein Tier unterlegen fühlt, verändert es plötzlich die Farbe des Flecks und faltet seine Flossen ein: Das ist das Zeichen, daß es den Kampf aufgibt. Eine Auseinandersetzung auf Leben und Tod wird durch dieses Signal verhindert. Daß im Aquarium solche Drohkämpfe manchmal doch tödlich ausgehen, liegt an der Enge dieses Gefängnisses. Hier ist es nämlich dem Verlierer unmöglich zu fliehen, so daß er vom Sieger zu Tode gehetzt werden kann. In den freien Räumen des Korallenriffs kann es zu solchen Situationen gar nicht kommen, weil genügend Flucht- und Versteckmöglichkeiten vorhanden sind. Die Augenflecken als ›Stimmungsanzeiger‹ signalisieren dem Gegner die augenblickliche Kampfbereitschaft. Die Natur verhindert damit – anders als im Zusammenleben der Menschen – ein sinnloses Blutvergießen.

Drohsignale

Signale können auch Rivalen oder Freßfeinde abschrecken. Tiere, die über speziell gegen den Freßfeind gerichtete Signale verfügen, sind meist auch giftig. Unsere grellgefärbten Wespen hinterlassen durch ihren Stich bei dem, der sie bedroht, einen solch nachhaltigen Eindruck, daß er andere Wespen fortan in Ruhe lassen wird! Der Rotfeuerfisch wird bei Gefahr durch das Spreizen seiner Flossen zu einer sehr auffälligen Erscheinung (Abb. 109, 110). Die giftigen Rückenflossenstacheln wedeln langsam hin und her, und jeder, der einmal mit diesem Fisch in Berührung kommt, wird später den Kontakt mit ihm meiden. Als Warnsignal wird auch die Färbung der Anemonenfische gedeutet (Abb. 64). Sollte ein Raubfisch einmal die Tentakeln der Anemone berühren, wird er stark genesselt. Auf Grund dieser Erfahrung meidet er die Seeanemone und ihren Bewohner, den Amphiprion-Fisch, den er an seiner auffälligen Färbung wiedererkennt. Einige Haemulon-Barsche haben ein besonders farbenprächtiges Maulinneres. Zur Abschreckung sperren sie bei Gefahr das Maul weit auf. Ähnliches Verhalten beobachtete ich im Roten Meer bei einer Muräne *(Lycodontis)*. So oft ich in das Revier dieser Muräne hineinschwamm – immer wieder riß sie ihr Maul weit auf und zeigte mir ihre grell-orangerote Maulhöhle (Abb. 65). Als sie einmal von einem Korallenbarschschwarm angegriffen wurde, versuchte sie auf die gleiche Weise, die Gegner abzuschrecken.

Soziale Signale

Eine andere Art von Signalen zeigt wie ein Vereinsabzeichen die Zugehörigkeit zu einer bestimmten Gruppe an. Viele Süßwasserfische haben ein besonderes Schwarmkleid, das sie nur beim Schwimmen im Verband anlegen. Der Fisch *Pristella* trägt ein auffälliges Muster in der Rückenflosse. Im Experiment hat man festgestellt, daß einzeln gehaltene Fische lieber auf Gruppenmitglieder mit diesem Merkmal zuschwimmen als auf jene, bei denen das Muster operativ entfernt war, es dient also als optisches Folgesignal.

Der oben schon erwähnte Korallenbarsch *(Dascyllus trimaculatus)* weist in seiner Jugend auf der Stirn und den Körperflanken große weiße Flecken auf, die häufig bei erwachsenen Tieren kleiner werden oder ganz verschwinden. Die Jungtiere, bei denen die Flecken besonders groß und auffällig sind, schwimmen in dichten Schwärmen. Ich vermute deshalb, daß es sich hier um soziale Signale handelt, an denen sich die junge Generation erkennt (Abb. 64). Eibl-Eibesfeldt schreibt, daß viele im offenen Meer umherziehende Schwarmfische dunkle Flecken auf den Schwanzspitzen oder andere einfache Merkmale und Spiegel haben, die das Nachfolgen im Schwarm auslösen (Abb. 66). Am leichtesten läßt sich eine soziale Funktion von Mustern bei Tieren nachweisen, die farbwechselbegabt sind und die ihre Signalflecken nur in bestimmten Situationen zeigen. So erscheint bei dem großen Fledermausfisch *(Platax)*, der einzeln oder in Gruppen vorkommt, auf der sonst hell- und silberglänzenden Bauchseite ein großer dunkler Fleck, sobald er im Verband schwimmt.

Blinksignale bei Nacht

In einer mondlosen Septembernacht bemerkte ich im Korallenriff bei Ras Burga an der Sinaiküste plötzlich einen hellen Schein. Ein feuriger Ball schien langsam an der Riffkante entlangzuziehen. Wir sprangen sofort ins Wasser und entdeckten einen Fischschwarm, der hier ein nächtliches Blinkfeuer veranstaltete. Diese Fische gehören der Gattung *Photoblepharon* an (Abb. 62). Sie besitzen unterhalb des Auges ein großes weißes Leuchtorgan, das sie wie einen Scheinwerfer auf- und abblenden können. Der Lichtschein verlöscht, wenn sich eine Pigmenthaut vor das Organ zieht. Die Tiere senden Lichtsignale, aber wem gelten sie? Im Bauch eines gefangenen Weibchens entdeckten wir zahlreiche Eier, die Ablaichzeit konnte also nicht weit sein. Tatsächlich schwammen in den folgenden Nächten die Fische paarweise zusammen und ›blinkten‹ wieder heftig. Jagten wir den Paaren hinterher, kehrten sie stets zu ihrer Gruppe zurück. Auch die Gruppenmitglieder ›blinkten‹ untereinander. Deshalb vermuten wir, daß ihre Lichtsignale dem Zusammenhalt des Schwarms bzw. dem Finden der Geschlechtspartner dienen.

Verständigung beim Putzergewerbe

Ich habe bereits über die Spezialisierung der Putzerfische berichtet, die vom Körper anderer Fische Hautparasiten absammeln. Das Putzergeschäft ist im Riff weit verbreitet. Besonders Jungtiere nutzen die Möglichkeit, auf der Körperoberfläche anderer Tiere nach Nahrung zu suchen. Einige Fische sind ›hauptberufliche‹ Putzer geworden: im Indopazifik der Lippfisch *(Labroides dimidiatus)*, in Teilen des Pazifik der *Labroides phtirophagus* und im karibischen Raum die kleine Putzergrundel *(Elacatinus oceanops)*. Auch Garnelen krabbeln auf der Körperoberfläche von Fischen herum und sammeln mit ihren kleinen Scheren eifrig Parasiten ab (Abb. 69). Auf die Bedeutung dieser Putzer für die Fischbevölkerung des Riffs gehe ich später noch genauer ein.

Die Kunden der Putzerfische nehmen eine deutliche Aufforderungsstellung ein, um anzuzeigen, daß sie geputzt werden wollen (Abb. 100, 103). Diese Verhaltenssignale verstehen die Putzer auch auf größere Entfernung und schwimmen auf den Kunden zu. Woran erkennt aber der Kunde den Putzer? Die meisten ›Berufsputzer‹ tragen eine Uniform mit leuchtendblauen Längsstreifen, die leicht gesehen und von den Kunden als Signal aufgenommen werden kann. Außerdem führen die ›Berufsputzer‹ besonders vor unbekannten Kunden zunächst einen auffälligen Wipptanz aus. Putzergarnelen machen auf sich aufmerksam, indem sie mit ihren langen weißen Antennen wedeln und ihren Körper kurz vor- und zurückbewegen. Diese Signale zeigen dem Kunden, daß er hier willkommen ist (Abb. 68). Unwillkürlich fürchtet man für das Leben der Putzer, wenn sie ganz unverfroren in die weit aufgesperrten Mäuler selbst von Raubfischen, wie Zackenbarschen oder Barrakudas, hineinschwimmen, sich also direkt in die Höhle des Löwen begeben (Abb. 67). Beim Säubern der Kiemenbögen verschwinden die Putzer ganz hinter den mächtigen Kiemendeckeln. Fühlt sich der Kunde ausreichend bedient, fordert er die Putzer zum Verlassen der Kiemen auf, indem er seine Kiemendeckel ein- oder zweimal schließt. Auf dieses Signal hin beendet der Putzer seine Tätigkeit; es ist zu einer Verständigung zwischen Putzer und Kunden gekommen. Bei Putzern und Putzkunden sind also Verhaltensweisen in den Dienst der zwischenartlichen Verständigung getreten. Zusätzlich erkennen sie sich an optischen Signalen, die auf Grund früherer Erfahrungen sofort als ›freundlich‹ eingestuft werden.

Wie hat sich aber die Verständigung zwischen beiden entwickelt? Wir müssen annehmen, daß vieles im Putzergewerbe erlernt, also erst innerhalb der Individualentwicklung durch Erfahrung erworben wird. Es ist fast ausgeschlossen, daß ein Zackenbarsch für alle im Riff vorkommenden Putzer ein angeborenes Erkennungsschema hat; ebenso können die Putzer unmöglich alle Kunden ›instinktiv‹ erkennen. Dagegen besitzen die Berufsputzer vermutlich ein angeborenes Schema für die merkmalsarme Putzaufforderungsstellung der Kunden, das bei ihnen das Hinschwimmen zum Kunden auslöst.

Vorsicht: Putzernachahmer!

Einige Fische profitieren von den freundlichen Signalen des Putzers. Der Schleimfisch *Aspidontus taeniatus* ahmt den Putzer in seinen äußeren Merkmalen und im Verhalten so geschickt nach, daß selbst das geschulte Auge eines Meeresbiologen darauf hereinfällt. Der Nachahmer hat ein starkes Gebiß und nähert sich ›als Putzer verkleidet‹ dem Kunden, der auch prompt vor ihm in Putzaufforderungsstellung geht. Der Wolf im Schafspelz ist jedoch kein fleißiger Parasitensammler, sondern ein Räuber: Er beißt dem Kunden mit seinen messerscharfen Vorderzähnen blitzschnell kleine Hautstücke ab. Erst jetzt merkt der Kunde die Täuschung und treibt den vermeintlichen Putzer in die Flucht. Im Roten Meer konnte ich noch einen anderen Putzernachahmer entdecken. Junge Schleimfische der Art *Runula rhynorhynchus* imitieren junge *Labroides dimidiatus*, die ein anderes Farbkleid als die Erwachsenen tragen (Abb. 70). Der junge Runula kann durch seine täuschende Signalnachahmung leicht an die Kunden herankommen und beißt sie bevorzugt in die Augen. Als ich einmal die Angriffe des Putzernachahmers in zwei verschiedenen, dichtbesiedelten Riffgebieten über bestimmte Zeit auszählte, entdeckte ich ein interessantes Verhalten: Im dünnbesiedelten Gebiet biß der Nachahmer nur vorbeiziehende Fische und mied alle ortstreuen Tiere, von denen er sogar auffallend häufig in die Flucht geschlagen wurde. Diese Fische hatten offensichtlich inzwischen den falschen Putzer an irgendwelchen Unterscheidungsmerkmalen erkannt. Im dichtbesiedelten Gebiet können die Kunden dagegen den raffinierten Nachahmer nicht so schnell erkennen lernen, weil sie ihm seltener begegnen. Da auf jeden Putzer eine große Anzahl von Kunden kommen, ist die Wahrscheinlichkeit gering, daß sich Nachahmer und Kunde öfter nacheinander treffen.

So wird die Verständigung durch Signale von anderen Tieren ›parasitisch‹ ausgenutzt. Je vollkommener die Signalnachahmung ist, desto leichter fallen die Empfänger auf die Täuschung herein.

Tarnung
Paarung—Brutfürsorge

Ein wirksamer Schutz vor Feinden ist die Tarnung. Die Riff-Tiere
wenden sie in allen Variationen an, auch die Räuber. Sie sind
teilweise die reinsten Verwandlungskünstler.
Das Überleben einer Tierart hängt hauptsächlich von der Zahl der
Nachkommen ab, die zur Reife gelangen. Fische können bis
zu 300 Millionen Eier legen. Viele Tiere schützen ihr Eigelege vor
Freßfeinden und betreiben intensive Brutpflege. Manche Fische
sind jedoch ›Rabeneltern‹, sie machen sogar auf die eigenen
Nachkommen Jagd.

73

74

71 Methoden der Tarnung. Der Zackenbarsch (Epinephelus itajara) löst durch Punkte und Streifen in der Körperzeichnung seine Gestalt auf. Diese Tarnung kommt besonders auf die Entfernung zur Geltung.

◁ 72 Der Wobbegonghai (Orectolobus ogilbyi) tarnt sich durch gestaltauflösende Zeichnungsmuster. Seine Körperform geht fließend in den Hintergrund über.

73 Der hervorragend getarnte Steinfisch (Synanceja) lauert regungslos auf seine Beute, die mit einer saugschnappenden Bewegung überwältigt wird. Der Stich seiner giftigen Rückenflossenstrahlen kann selbst für den Menschen tödlich sein.

74 Die Kaninchenfische (Siganus) liegen in der Nacht bewegungslos am Boden und haben ihren Körper durch diffuse Zeichnungsmuster getarnt.

◁ 75 Viele Tiere nehmen Farbstoffe mit dem Fressen auf. Die kleine Schnecke (Neosimnia) lebt auf farbenprächtigen Gorgonenfächern und gleicht farblich ihrem Wirt. Sie ahmt sogar die Farbe der Korallenpolypen nach, um noch besser mit dem Hintergrund übereinzustimmen. Ihr Tarnmanöver täuscht den Freßfeind, der an Korallen kein Interesse hat.

76, 77 Erst vor wenigen Jahren wurde' die Gemeinschaft zwischen Peitschenkorallen (Cirripathes) und kleinen Grundeln (Cottogobius) entdeckt. Auf verschieden gefärbten Peitschenkorallen nimmt der Fisch jeweils die Farbe seiner Wirtskoralle an. Er frißt Partikeln der Korallenoberfläche und zupft außerdem planktonische Beute ab, die sich die Korallenpolypen eingefangen haben. Wie in Abb. 75, so ahmt auch hier der Fisch zur Tarnung die Farbe und Konturen der Korallenpolypen nach.

78 Der Feilenfisch (Osbeckia scripta) aus dem Roten Meer tarnt sich durch Farbwechsel. Durch Farbzellen in seiner Körperhaut ahmt er die Farbe des jeweiligen Hintergrundes nach.

79 Der karibische Trompetenfisch (Aulostomus maculatus) versteckt sich zwischen den Ästen von Hornkorallen. Er gleicht seine Farbe dem Hintergrund an und stellt seinen Körper in Richtung der Korallenäste ein. Die Tarnung täuscht den Freßfeind, aber auch die Beutefische, die in der Nähe arglos vorbeischwimmen.

80 Hornhechte (Strongylura) und Halbschnabelhechte (Hemiramphus) jagen dicht unter der Wasseroberfläche. Sie stimmen farblich durch Gegenschattierung mit dem Wasserhintergrund überein.

78

79

◁ 81 Der Krake (Octopus) bewohnt
zerklüftete Riffe und hält sich tagsüber
in einer Höhle auf, die ihm Schutz
bietet und die er gegen Artgenossen
heftig verteidigt. Am Höhleneingang
häufen sich Steine, Schnecken und
Muscheln. Der Krake kann bei Gefahr
durch einen Trichter seiner Mantel-
höhle Wasser ausstoßen und wie eine
Rakete durch Rückstoß flüchten.
Er ist ein Meister der Tarnung.
Farbwellen gehen über seinen Körper
hinweg, wenn er auf seinen Fangarmen über den Boden stelzt.
Blitzschnell kann er die Farbe des
Hintergrundes annehmen. Auf seiner
Körperoberfläche können außerdem
fransenartige Fortsätze hervortreten,
die wie Strukturen der Umwelt
aussehen. Bei großer Beunruhigung
stößt der Krake eine Farbwolke aus,
wie es im Bild zu sehen ist. Die
Wolke soll das Geruchsvermögen der
Räuber hemmen und den Kraken
verbergen.

82 Obwohl die Kraken und auch
Tintenfische (Sepia) Schnecken-
und Muschelverwandte sind, besitzen
sie hochentwickelte Augen, die
denen der Wirbeltiere funktionell
gleichen. Bei einer getarnten Sepia
bleibt oft nur das große Auge sichtbar.

83 Brutpflege. Die Schnecke Crimora popillate verpackt ihre Eier zum Schutz in ein gallertiges Gelege.

84 Der Anemonenfisch (Amphiprion bicinctus) befächelt und bewacht bis zu 10 Tagen sein Eigelege, das er im Schutz der Anemone abgelegt hat. Oft wird das Gelege von kleinen, getarnten Krebsen geplündert und aufgefressen.

85 Der Drückerfisch (Balistes fuscus) legt seine glasklaren Eier in einer Sandgrube ab, die er heftig verteidigt. Selbst Taucher können dann von ihm gebissen werden. Seine Brutpflege dauert nur einen Tag lang.

86 Der kleine Krake (Octopus aegina) legt seine Eier in eine Herzmuschel, in der er sie vor Feinden bewacht.

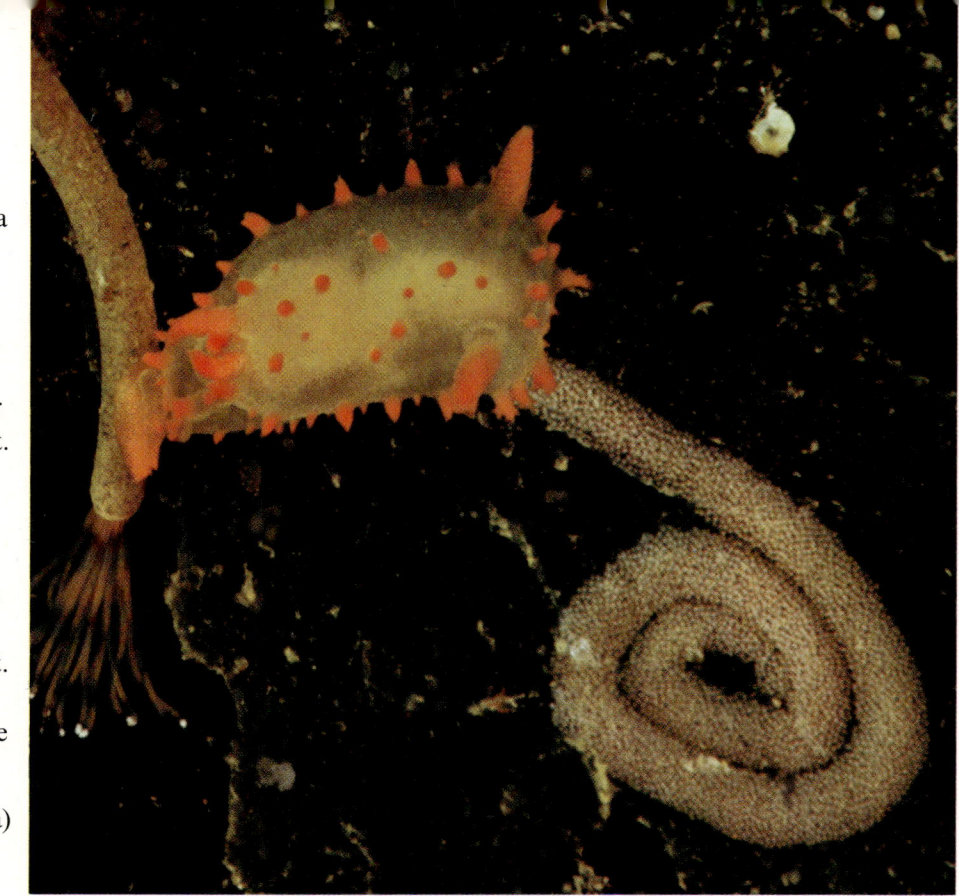

83

84

Tarnung im Kollektiv

Langsam schwimme ich den sandigen Abhang am südlichen Ende der kleinen Insel Nosy Tanikely hinab. Die Sonnenkringel der Wellen tanzen unruhig wie in einem Kaleidoskop über den Grund und lassen bei einem bestimmten Lichteinfall bunte Regenbogenfarben aufleuchten. Einige Sandaale flüchten kopfüber vor mir in den Boden. Die Strömung trägt mich mit unsichtbarer Hand über einen Wald akazienartiger Algen, die zu Tausenden den sandigen, schrägen Hang unter mir bedecken. Aus meiner Vogelperspektive wirkt der Meeresboden wie eine afrikanische Steppenlandschaft.

Das etwas eintönige Bild belebt sich plötzlich. Eine Kolonie von *Astropyga*-Seeigeln wandert über den Boden. Ihre hübschen dunkelvioletten Körper heben sich plastisch vor dem hellen Hintergrund ab. Vorsicht ist geboten, denn schon oft wurde ich von den spitzen und giftigen Stacheln dieses Seeigels gestochen. Mit einem kräftigen Stoß schwimme ich weiter. Da geschieht etwas Verblüffendes: Offensichtlich durch meine ruckhafte Bewegung erschreckt, fliegt einer der Seeigel davon und löst sich in Hunderte kleiner Teilchen auf. Gebannt verfolge ich, wie diese Körper frei im Wasser umherschwirren und dann geschlossen auf einen Seeigel zuschwimmen. Im Nu formieren sie sich um ihn herum zu einem dichten Haufen und sind kaum noch zu erkennen: In Farbe und Form haben sie sich dem Seeigel wieder angeglichen.

Auch das geschulte Auge des Tauchers hat Mühe zu erkennen, daß sich hier ein Fischschwarm vor dem stachligen Hintergrund eines Seeigels zu tarnen versucht – eine Tarnung im Kollektiv! Der kleine Kardinalfisch *(Siphamia argentea)* hat eine hervorragende Erfindung gemacht, sich vor seinen Feinden zu verbergen. Die Fischchen sitzen dicht an dicht nebeneinander und vergrößern optisch die Maße des Seeigels. Wenn ich jetzt genau hinsehe, kann ich die Gestalt eines jeden Fisches unterscheiden. Die Nachahmung des Seeigels ist aber so gelungen, daß sicher viele Freßfeinde des Siphamia-Fisches auf dieses Täuschungsmanöver hereinfallen.

Räuber und Gejagte leben im Riff – wie in keinem anderen Lebensraum – in unmittelbarer Nachbarschaft. Die Evolution hat den Beutetieren Wege gewiesen, den Kontakt mit dem Feind zu vermeiden. Einer von diesen Wegen ist die Tarnung, der Versuch, vom Feind möglichst nicht gesehen zu werden. Umgekehrt können auch die Räuber sich der gleichen Mittel bedienen, um schneller und unbemerkt an die Beute heranzukommen.

Im Korallenriff sind vielfach die gleichen Tarnungsmethoden anzutreffen, die sich auch an Land als erfolgreich erwiesen haben. Die Standardmuster der Tarnung können unabhängig von der stammesgeschichtlichen Stellung des Tieres überall angewendet werden – auch in der modernen Kriegführung des Menschen.

Körperfarbe als Tarnung

Ein Fisch ist besonders leicht zu sehen, wenn er einen auffälligen Schatten wirft und außerdem in seiner Färbung große Unterschiede zur Umwelt aufweist. Tarnen kann er sich am besten mit dem Negativ dieser Eigenschaften: Vermeiden eines auffälligen Schattens und Farbgleichheit mit der Umgebung. So sind z. B. Insekten, die Baum- und Graslandschaften bewohnen, oft grün gefärbt, während in den Schneelandschaften des hohen Nordens häufig weiße Tiere zu finden sind.

Im Korallenriff tritt Farbgleichheit mit der Umgebung häufig bei Besiedlern ganz extremer ökologischer Nischen auf. Vor Jahren fing ich in der Brandungszone am Roten Meer die knallrote Meeresnacktschnecke *Hexabranchus*. Im Aquarium schwamm dieses seltsam schöne Geschöpf mit eigenartig nickenden Bewegungen der Körperachse durch das Wasser. Erst da entdeckte ich eine ebenso rote Garnele *(Periclimenes imperator)*, die durch die Schwimmbewegungen ihres Wirtes von seinem Rücken heruntergefallen und zufällig ins freie Wasser geraten war. Die gleiche Garnele kann übrigens auch im Tentakelwald einer Seegurke leben, wo sie ihrem Wirt die Nahrung stiehlt. Auch hier ist die Garnele schwer zu erkennen, weil sie sich den bräunlichen Tentakeln der Seegurke farblich anzugleichen vermag.

Ein anderes Beispiel für Farbgleichheit mit dem Untergrund aus dem Indischen Ozean: Die kleine Grundel *(Cottogobius,* Abb. 76, 77) sitzt Ton in Ton auf einer gelblichen Peitschenkoralle *(Cirrhipathes)*. Der Fisch ist darauf spezialisiert, die Nahrung abzusammeln, die sich die Korallenpolypen mühsam eingefangen haben. Für die Grundel ist das Tarnverhalten von großer Bedeutung, weil sich die dünnen Ästchen der Koralle weit in das freie Wasser hinausstrecken und ein andersfarbiger Fisch dort von Feinden leicht gesehen werden könnte. Im Roten Meer lebt die gleiche Grundel auf einer grünlichen Peitschenkoralle und hat sich auch hier entsprechend ›angezogen‹.

Viele Schnecken leben auf den unterschiedlichsten Wirten und nehmen dabei mit ihrer Nahrung Farbstoffe des Wirtes auf. Auf Abb. 75 ist die Schnecke *Neosimnia* zu erkennen, die auf einem rötlichen Gorgonenfächer sitzt. Schnecke und Wirt stimmen farblich hervorragend überein.

Auch Farblosigkeit kann ein wirksamer Schutz vor Freßfeinden sein. Planktonische Lebewesen sind meist durchsichtig und fallen deshalb im freien Wasser kaum auf. Garnelen sind oft so transparent, daß man ihren Körper nur schwer erkennt. Auf der Seeanemone *Discosoma* lebt die Garnele *Periclimenes affinis*. Sie ist durchsichtig, hat aber merkwürdigerweise einen weißen Augenbalken und einige auffällige Flek- ken am Schwanzende. Ihre Transparenz macht sie auf den Tentakeln fast unsicht- bar, und auch die bunten Flecken fallen auf dem farbigen Hintergrund nicht auf. Erst wenn die Garnele im Freiwasser schwimmt, erkennt man deutlich die markanten Farbkleckse auf ihrem Körper. Vermutlich dienen sie als Putzersignale, denn viele Periclimenes-Arten betätigen sich als Putzer.

Farbwechsel

Eine der wichtigsten Methoden zur Angleichung der Körperfarbe an den Hintergrund ist der spontane Farbwechsel. Die meisten farbwechselbegabten Tiere haben dafür komplizierte Zellstrukturen in der Haut. Die Farbzellen bestehen aus einem Zellkörper, von dem zahlreiche Fortsätze ausgehen. Im Zellplasma sind die Farbstoffe oder Pigmente enthalten. Für jede Farbe gibt es spezielle Farbzellen, die schichtweise übereinanderliegen. Breitet sich der Farbstoff bis in die feinsten Zellfortsätze aus, so wird seine Farbe sichtbar. Umgekehrt verschwindet sie, wenn sich die Farbstoffe zum Zellkörper zurückziehen. Die Zellfortsätze dienen der Oberflächenvergrößerung, damit die Farbstoffe besser sichtbar werden. Die Farbzellen erhalten durch Nerven oder Botenstoffe (Hormone) den Befehl, ihre Farbe zu ändern.
Tintenfische sind wahre Meister der Verwandlung. Oft habe ich die kleinen zehnarmigen *Sepias* verfolgt. Über Seegraswiesen sind sie grün, doch nehmen sie sofort die Farbe des Sandes an, wenn sie dort ›landen‹ wollen. Vor der Landung gehen Wellen von Farbschüben über ihre Körperoberfläche hinweg, bis das Tier wie ein Helikopter am Boden aufsetzt. Plötzlich bewegen sich auch die randständigen Flossen und spülen Sand über den Körper, wodurch das Tier seine Tarnung vollkommen macht. Nur die großen Augen schauen noch aus dem Sand heraus. Auch die achtarmigen Kraken *(Octopus)* können sich in Sekundenschnelle durch Farbwechsel tarnen (Abb. 81, 82). Bei ihnen erscheinen zusätzlich fransenartige Fortsätze auf der Körperoberfläche, die Tiere sind dann auch in der Körperstruktur ausgezeichnet dem Hintergrund angepaßt.
Besonders die Tiere deckungsloser Lebensräume können erstaunlich schnell ihre Farbe wechseln. Flundern, Seezungen und Schollen werden dabei vollständig unsichtbar. Innerhalb einer Art bringt die Tarnung jedoch einen Nachteil mit sich: Auch der Artgenosse wird getäuscht, die Verständigung mit ihm erschwert. Einige Fische haben deshalb auffällige Farbsignale auf schnell abspreizbaren Brustflossen entwickelt, mit denen sie den Artgenossen ihre Gegenwart anzeigen können.
Auf Sandböden im indopazifischen Raum lebt der gefährliche Eidechsenfisch *Synodus,* dem viele kleinere Fische zum Opfer fallen. Er hat eine raffinierte Taktik entwickelt, um an seine Beute heranzukommen: Er schleicht sich an seine Opfer heran, wobei ihm seine sandfarbene Tarnung sehr zugute kommt, und stößt dann blitzschnell auf sie zu. Einmal stellte ich ein Glas mit jungen Röhrenaalen auf den Sand und verfolgte die Bewegungen eines Eidechsenfisches, der sich sehr behutsam an die Beute heranschlich. Als er dann wie üblich sein Opfer mit einem schnellen Sprung packen wollte, prallte er statt dessen mit voller Wucht auf die Glasfläche. Räuber und Beute waren darüber gleichermaßen verdutzt und gerieten in Panik. Hier ließ sich sehr schön verfolgen, wie die Tarnung auch einem Angreifer zugute kommt.
Große Leistungen im Farbwechsel zeigen auch wehrlose Tiere, die vor farbigem oder stark strukturiertem Hintergrund leben. Der Pfeifenfisch ändert innerhalb von

Sekunden seine Farbe und tarnt zusätzlich seine eigenartige Körperform, indem er Ausschnitte des Hintergrundes farblich so gekonnt nachahmt, daß er kaum zu erkennen ist (Abb. 79).

Zeichnungsmuster lösen die Gestalt auf

Ein einheitlich gefärbter Körper nimmt in unserem Gesichtsfeld eine bestimmte Fläche ein, die sich von der Umgebung mehr oder minder kontrastreich abhebt. Viele Tiere erkennen wir deshalb schon aus großer Entfernung an ihrer Gestalt. Der Wahrnehmungsapparat ›liebt‹ die Symmetrie von Figuren und folgt gern deren Kurven. Bei der Tarnung wird diese Eigenart der Wahrnehmung ausgenutzt. Die Tierkörper weisen unregelmäßige Streifen, Muster oder Flecken auf, die von der Gestalt ablenken sollen – sie verwischen die Konturen.

Der Zackenbarsch (*Epinephelus itajara*, Abb. 71) ist mit kleinen schwarzen Punkten übersät und hat zusätzlich weiße, unregelmäßige Bänderungen auf den Körperflanken. Die Musterungen lösen die Gestalt des Räubers auf. Auch der in Australien fotografierte Wobbegonghai *(Orectolobus ogilbyi)* ist durch gestaltauflösende Zeichnungsmuster hervorragend getarnt (Abb. 72). Die drei Kaninchenfische (*Siganus,* Abb. 74) wurden in der Nacht aufgenommen. Ihr diffus gestreiftes Nachthemd tarnt sie vor den Augen des Freßfeindes, der besonders in der Dämmerung auf Jagd geht. Nachtfärbungen werden deshalb bei vielen Fischen in der Dämmerung intensiviert, weil dann die Bedrohung durch Feinde besonders groß ist.

Cott zeigte, daß bei dem schwarz-weiß gestreiften Preußenfisch *(Dascyllus aruanus)* vor dunklem Hintergrund nur die hellen Partien sichtbar sind und die Gestalt des Fisches aufgelöst erscheint. In der Nähe heller Korallen lassen die weißen Körperstreifen des Fisches die Kontur des Körpers nicht mehr eindeutig erkennen. Ebenso ist es bei Wimpelfischen, die durch ihre kontrastreiche Schwarz-Weiß-Bänderung aus der Nähe sehr auffällig sind, vor einem Hell-Dunkel-Hintergrund jedoch kaum wahrgenommen werden können.

Wahrscheinlich wirken alle diese Muster nur auf größere Entfernung, während die Gestalt aus der Nähe deutlich zu erkennen ist. Die Streifung des Preußenfisches wird dann sogar zu einem attraktiven Signal für den Artgenossen.

Bei vielen Schmetterlingsfischen ist das Auge durch eine auffällige schwarze Binde getarnt. Soll der Räuber erschrecken, wenn er kein Auge erkennt und die Gestalt des Fisches ihm ungewohnt erscheint, oder löst der tarnende Augenbalken den Vorderkörper des Fisches auf? Die Antwort können wir ohne experimentelle Nachprüfung nicht geben. Wir wissen nur, daß auch ein Raubfischauge den gleichen Sehgesetzen gehorcht, denen das menschliche Auge unterworfen ist. Trotzdem müssen wir bei der Deutung dieser Art von Tarnungsmanövern vorsichtig sein, weil wir nicht wissen, welche Merkmale für den Räuber wichtig oder unwichtig sind.

116

Das Spiel mit Schatten und Gegenschatten

Ein Tier kann noch so gut farblich seinem Hintergrund angepaßt oder andersartig getarnt sein: Sein Schatten verrät seine Gegenwart und macht den Freßfeind aufmerksam. Viele Tiere haben deshalb Methoden entwickelt, den Schlagschatten ihres Körpers zu vermeiden. Schmetterlinge richten zum Beispiel in Ruhestellung die Kante ihres zusammengefalteten Flügels in Richtung der Sonne. So zeigt sich am Boden nur ein strichförmiger Schatten, der den Schmetterling weniger auffällig macht. Auch am Meeresstrand läßt sich gut beobachten, wie Tiere es vermeiden, einen auffälligen Schatten zu erzeugen. Schon oft habe ich Krabben verfolgt, die auf der Flucht einmal nach rechts und dann wieder nach links laufen. Plötzlich drücken sie sich flach an den Boden, so daß ihr Schatten ganz verschwindet. Meist ist der Rücken sogar noch tarnfarbig und erhöht dadurch die Wirkung des Verbergungsmanövers. Dieses Verhalten läßt sich besonders gut bei den Reiterkrabben *(Ocypode saratan)* verfolgen. Ihr Rückenschild ist sandfarben, so daß sie vom Boden kaum zu unterscheiden sind. Im Meer kann ein Räuber nur im flachen Wasser durch den Schatten auf ein Beutetier aufmerksam gemacht werden. Einmal beobachtete ich eine dramatische Jagd zwischen einem Schermesserlippfisch und einer kleinen Flunder. Die Jagd wurde durch den Schatten der Flunder ausgelöst. Die Flunder war von oben gesehen durch die Färbung hervorragend getarnt, und doch ›wußte‹ der Lippfisch, wo er in den Sand hineinstoßen mußte, um die Flunder aufzuscheuchen. Jedesmal, wenn die Flunder flüchtete, verriet sie sich durch ihren Schatten. Trotzdem gelang der Flunder die Flucht. Auch Tintenfische *(Sepia)* ducken sich am Boden und verhindern dadurch die Bildung von Körperschatten. Die Vermeidung eines auffälligen Schattens ist bei den meisten Tieren nicht die einzige Tarnungsmethode. Häufig wird der Körper noch zusätzlich durch Farbwechsel oder andere optische Tarnungsmanöver der Umgebung angeglichen.

In vielen Lebensräumen entstehen durch die dort herrschenden Lichtverhältnisse keine kräftigen Schlagschatten: etwa in einem dichten Algenwald oder in den Weiten der Hochsee, aber dennoch kann das Licht den Standort eines Tieres verraten. Durch das von oben kommende Licht erscheint die Rückenseite des Tieres heller als die Bauchseite, dadurch hebt sich der Körper plastisch vom Hintergrund ab. Um diese verräterische Wirkung zu verhindern, schattieren sich viele Tiere selbst und bringen dort dunkle Zeichnung oder Pigmente an, wo das Licht am stärksten wirkt, also auf der dem Licht zugewendeten Rückenseite. Der Rücken ist dunkler, der Bauch weiß: So entsteht ein Negativ des natürlichen Körperschattens. Der Körper wirkt dadurch flach und fällt räumlich weniger auf. Die dicht unter der Wasseroberfläche jagenden Hornhechte und Halbschnabelhechte sind durch Gegenschattierung so gut getarnt, daß sie von weitem völlig mit dem Hintergrund übereinstimmen (Abb. 80). Im offenen Wasser über dem Riff leben die *Caesio*-Fische in großen Schwärmen. Sie sind auf dem Rücken stahlblau, auf dem Bauch weißlich. Auf größere Entfernung von der Seite betrachtet, verschwimmen sie mit dem blauen Wasserhintergrund. Auch von oben sind sie schwer zu erkennen. Sieht man die Caesio-Fische jedoch von unten, zeichnen sich ihre Körper vor der hellen Wasseroberfläche als schwarzer Strich ab. Diese Beobachtung veranlaßte einige Forscher, an der Wirkung der Gegenschattierung zu zweifeln. Es ist nicht zu leugnen, daß die Gegenschattierung hauptsächlich aus horizontaler Sicht und von oben tarnt, aber das allein hat ja bereits für das Individuum arterhaltenden Wert.

Der amerikanische Korallenriff-Spezialist Longley schrieb, daß die Gegenschattierung fast universell bei Fischen des Korallenriffes verbreitet sei, jedoch bei denjenigen Fischen fehlt, die eine ungewöhnliche Lebensweise oder eine absonderliche Körperform aufweisen. So besitzt zum Beispiel der Pilotfisch *(Naucrates ductor)*, der Haien und anderen Großfischen folgt, keine Gegenschattierung. Dieser Fisch braucht sie nicht, weil sich seine Position ständig verändert: Mal schwimmt er an der Rückenseite, mal an der Bauchseite seines Wirtes. Die Stellung zum Licht ist nie gleichbleibend. Auch bei Tiefseefischen und parasitischen Tieren fehlt die Gegenschattierung.

Nachahmung der Umwelt

Zeichnungsmuster und Gegenschattierung lösen die regelmäßige Form und die symmetrischen Linien der Tierkörper auf. Dadurch fällt die Gestalt des Tieres nicht auf. Viele Tiere passen sich außer durch ihre Färbung auch durch die Struktur ihrer Körperoberfläche in ihre Umgebung ein. Bei manchen ist die Körperoberfläche so unregelmäßig gestaltet, daß sie zu einem perfekten Strukturteil des Untergrundes wird. Doch nicht nur der Untergrund kann mit der Körperform nachgeahmt werden, auch beliebige andere Umweltbestandteile – wie Blätter, Äste, Flechten, Algen oder Seeigelstacheln. Der arterhaltende Wert solcher Tarnungen liegt auf der Hand: Die Tiere ahmen den Hintergrund nach, an dem ihr Freßfeind kein Interesse hat. Allein diese Interesselosigkeit des Räubers schützt sie vor dem Gefressenwerden (Abb. 75–79). Tarnung ist jedoch kein Privileg der Beutetiere, auch die Räuber selbst tarnen sich. Im Roten Meer beobachtete ich einmal einen Steinfisch *(Synanceja)*, der auf einer Seegraswiese lag. Die Körperoberfläche des Fisches war vorzüglich dem Algenfeld angeglichen, es ließ sich beim besten Willen nicht erkennen, wo der Kopf und wo der Schwanz des Fisches war. Obwohl ich die Seegraswiese zwei Monate lang täglich besuchte, hatte ich jedesmal große Mühe, das Tier an seinem Standort auszumachen. Der Steinfisch lag stets bewegungslos auf der gleichen Stelle. Einmal schwamm ein junger Lippfisch *(Coris caudimacula)* über den gefährlichen Räuber hinweg, ohne ihn wahrzunehmen. In Bruchteilen von Sekunden wurde er durch eine blitzschnelle Schnappbewegung eingesaugt. Der Steinfisch hatte sich dabei nicht einmal von der Stelle gerührt.

Auch die Anglerfische tarnen sich vor ihrer Beute, sind aber beim Beutemachen noch raffinierter als der Steinfisch. Ein wurmähnlicher Fortsatz über dem Maul täuscht den Beutefischen einen Leckerbissen vor. Durch dieses Hilfsmittel sind die Anglerfische nicht mehr auf das zufällige Vorbeischwimmen von Beute angewiesen, sie locken sie durch die Wurmattrappe an.

Vor Madagaskar fand ich eine Garnele *(Tuleariocaris zanzibarica)* im Stachelwald eines Diadem-Seeigels, die kaum von den Stacheln zu unterscheiden war. Ihr fadenförmiger Körper glich dem Seeigel in der Färbung, und sie unterstützte die Tarnung, indem sie senkrecht mit dem Kopf nach unten schwamm und geschickt im oberen Bereich der Stacheln herumtanzte. Ihre Freßfeinde hatten keine Chance, sie auf dem Seeigel zu erwischen. Ohne Seeigel ist sie ihnen jedoch hilflos preisgegeben, wie ich durch Aquarienversuche feststellte.

Auf Key Largo (Florida) verfolgte ich einen Trompetenfisch *(Aulostomus)*, dem meine Gegenwart sichtlich unliebsam war, denn er versuchte mich durch ein geschicktes Täuschungsmanöver abzuschütteln: Er schwamm plötzlich auf eine Rindenkoralle zu und stellte sich zwischen den Ästen der Koralle aus seiner normalen waagerechten Schwimmhaltung senkrecht kopfabwärts auf (Abb. 79). Seine Tarnung machte er dann noch perfekter, indem er sogar einzelne Biegungen der Korallenäste nachahmte. Daß er sich dabei optisch orientierte, fand ich durch ein kleines Experiment heraus. Ich scheuchte den Fisch zu einem großen Gorgonenfächer, das in seinem Mittelteil einige markante ›Adern‹ aufwies. Der Trompetenfisch suchte krampfhaft nach einer Tarnungsmöglichkeit und stellte sich schließlich parallel zu den ›Blattadern‹ auf.

Es sind also nicht nur körperliche Merkmale, die eine gute Tarnung ausmachen, es können auch spezialisierte Verhaltensweisen sein, die die optische Tarnung vervollkommnen.

Tarnung durch Maskierung

In tropischen und subtropischen Meeren lebt eine Gruppe von Krabben, der man den Namen Maskenkrabben gab, weil sie sich mit allerlei Stoffen ihrer Umgebung beladen, um sich zu tarnen. Hierzu gehören die Gattungen *Hyas, Pisa* und *Maja*. Sie tarnen sich vor allem mit Algen und Schwämmen. Steckt man die Krabben in ein Aquarium, in dem loses Bodenmaterial herumliegt, sind sie innerhalb kürzester Zeit wieder damit getarnt. Mit Hilfe ihrer sehr beweglichen Scherenfüße befördern sie den Bewuchs kunstgerecht auf ihren Körper. Um die Tarnungsobjekte auf den Rückenschildern zu befestigen, haben sie zusätzlich kleine Hakenapparaturen entwickelt. Die Krabbe *Dromia* hält das tarnende Objekt, meist Schwämme und Muscheln, sogar mit dem hinteren Beinpaar fest. Ohne Tarnungsobjekt krabbeln die Tiere unruhig umher und fühlen sich offensichtlich nicht ganz wohl.

Manche Tiere sind optisch ihrer Umgebung gut angepaßt, obwohl sie gar nicht die Absicht hatten, sich zu tarnen. Vielerlei pflanzlicher und tierischer Aufwuchs setzt sich durch Zufall im Laufe der Zeit auf der Körperoberfläche fest. So ist der Panzer der großen Wasserschildkröte oft dicht von Algen und Seepocken besiedelt, ohne daß die Tiere von dieser Maskerade einen Vorteil haben.

Meist sind es nur kleine Unzulänglichkeiten im Wahrnehmungsapparat des Getäuschten (des Reizempfängers), die sich tarnende Tiere zunutze machen. Durch Mutation und Selektion führten diese geringfügigen Fehlleistungen des Empfangsapparates gleich dazu, daß sich der Reizsender in mannigfaltiger Weise im Körperbau und Verhalten anpaßte. Das ist eine meisterhafte Leistung der Selektion.

Paarung und Brutfürsorge

Das Überleben einer Tierart im Korallenriff – wie überhaupt im Meer – hängt davon ab, wie viele Nachkommen ein Paar zeugt. Der Bestand einer Art wäre nicht gefährdet, wenn von jedem Paar wenigstens zwei Junge zur Geschlechtsreife gelangten. Fische können bis zu 300 Millionen, Schnecken sogar bis zu 500 Millionen Eier produzieren. Trotz dieser gigantischen Menge bleibt aber der Bestand einer mit ihrer Umwelt im Gleichgewicht stehenden Bevölkerung in etwa konstant.

Was wird aus den vielen Eiern? Warum entsteht nicht aus jedem von ihnen ein Fisch, eine Schnecke, ein Seeigel? Es ist ein langer Weg vom befruchteten Ei zum geschlechtsreifen Tier. Zufälle und Feinde können in jeder Lebensminute das Schicksal eines Eies endgültig besiegeln. Das beginnt schon vor der Befruchtung.

Die Paarung

Wenn die Partner während der Paarung Samen und Eier ausstoßen, werden viele Eier nicht befruchtet und gehen zugrunde. Meerbarben schwimmen z. B. paarweise einen steilen Looping zur Wasseroberfläche und geben dabei ihre Geschlechtsprodukte gleichzeitig ab. Von den Eiern, die in einer weißlichen Samenwolke schweben, wird meist nur ein Teil befruchtet. Das Weibchen braucht bei dem rasanten Paarungslooping seine Eier nur Bruchteile von Sekunden zu früh auszustoßen, und schon sind Tausende dem Tod geweiht. Die Partner müssen also präzise aufeinander abgestimmt sein, um eine optimale Befruchtung zu erzielen. Aber auch beim gleichzeitigen Ausstoßen von Eiern und Samen können Wasserströmungen verhindern, daß die Geschlechtszellen aufeinandertreffen.

Viele Tiere des Korallenriffs paaren sich auf diese Weise. Sie alle müssen Tausende, oft sogar Millionen von Eiern produzieren, damit noch eine ausreichende Zahl befruchtet wird. Die Natur hat jedoch auch Wege gefunden, die den Zufall bei der Befruchtung weitgehend ausschalten. So legen zum Beispiel viele Lippfische *(Labridae)* und Korallenbarsche *(Pomacentridae)* ihre Eier in selbstgebaute Nester oder befestigen sie mit Schleimfäden am Grund. Das Männchen schwimmt viele Male über die Eier hinweg und besamt das Gelege. Da die Eier festliegen und nicht wie z. B. bei den Meerbarben frei umherschwimmen, wird der überwiegende Teil von ihnen befruchtet. Die größte Garantie für eine Befruchtung bietet eine Besamung im Mutterleib. Diese Art der Befruchtung kommt besonders bei Haien und Rochen, bei Meeresschildkröten und Meeressäugern vor. Die Paarung dieser Tiere unter Wasser ist ein besonders erregendes Naturschauspiel.

Im Indischen Ozean verfolgte ich den Beginn der Kopulation eines Manta-Paares. Die riesigen Tiere ›umflogen‹ sich eine Zeitlang in eleganten Schleifen, dann wandten sie sich plötzlich mit der Bauchseite einander zu. In dieser Haltung schwebten sie minutenlang durch das Wasser. Raphael Plante fotografierte in einem Korallenriff vor Madagaskar die Paarung und Kopulation der Suppenschildkröte. Das liebestolle Paar schwamm über eine halbe Stunde dicht unter der Wasseroberfläche und ließ sich durch die Gegenwart der Taucher nicht stören. Das Männchen schnaufte laut, hielt sich mit seinen flossenartigen Beinen am Panzer des Weibchens fest und klammerte sich mit dem Maul an seinen Hals. Dabei führte es den Penis in die Geschlechtsöffnung des Weibchens ein. Das Weibchen ging aus dieser Paarungsschlacht ziemlich geschunden hervor.

Auch wenn die Befruchtungsrate der Eier durch besondere Paarungsmethoden vergrößert wird, heißt das noch nicht, daß aus allen Eiern auch erwachsene Tiere werden. Die meisten Tiere des Korallenriffs sind im menschlichen Sinne Rabeneltern schlimmster Sorte. Sie kümmern sich nach der Paarung nicht mehr um die ins Wasser abgegebenen Eier und überlassen sie ganz ihrem eigenen Schicksal. Ungeschützt und hilflos werden die Eier als Bestandteile des Meeresplanktons fortgespült. Verschiedene Arten wieder beschützen und pflegen ihre Brut und erhöhen auf diese Weise den Aufzuchterfolg. Je weniger Eier ein Paar produziert, desto mehr kümmert es sich um die Brut. Wird die Brut erst zu einem späteren Zeitpunkt, wenn sie bereits größer und kräftiger ist, in den harten Existenzkampf entlassen, hat sie mehr Chancen zu überleben.

Brutpflege bei wirbellosen Tieren

Brutfürsorge ist keineswegs nur eine Domäne der uns bekannten Wirbeltiere. Einige Schlangensterne *(Ophiuroidea)* sind mit besonderen Bruttaschen beiderseits der Arme ausgestattet, in denen sich die Eier bis zum fertigen kleinen Schlangenstern entwickeln. Während bei den meisten Arten die Befruchtung außerhalb des Körpers stattfindet und viele Tausende Eier abgegeben werden, aus denen später kleine freischwimmende Larven werden, ist die Anzahl der Eier bei den brutpflegenden Arten kleiner. Das Weibchen braucht weniger Stoffwechselenergie aufzubringen, um Eier zu produzieren.

Einige Seesterne legen ihre Eier am Boden ab und krabbeln dann auf das Gelege, um es mit ihrem Körper zu schützen. Der Krake knüpft seine Eier wie eine Perlenschnur hintereinander auf und hängt die Eischnüre in seine geschützte Höhle, die er bewacht. Der kleine Krake *Octopus aegina* schützt sein Gelege, indem er es in eine Herzmuschel befördert (Abb. 86). Viele Tiefseetintenfische *(Oegopsida)* hüllen ihre Eischnüre in eine dichte Gallertmasse ein, die Schutz vor Freßfeinden bietet. Im Roten Meer entdeckte ich einmal eine zylindrische, fast zwei Meter lange Gallertwurst, die dicht unter der Meeresoberfläche dahintrieb. Im Widerschein der Sonne bemerkte ich Tausende von rötlich schimmernden Embryonen, die sich an der Außenseite der Gallertwurst in einer Richtung bewegten. Ein Schwarm *Caesio*-Fische stürzte sich auf die opalisierenden Eier und versuchte sie aufzufressen. Die Fische hatten ziemliche Mühe, die elastische Gallertmasse zu durchdringen. Ob solche durch Zufall an die Oberfläche getriebenen Eigelege am Boden der Tiefsee von den Tintenfischen bewacht werden, wurde noch nicht beobachtet. Die Brut der Wirbellosen kann also – wie bei den Schlangensternen – in spezialisierten Körperhohlräumen gepflegt werden, oder das Eigelege wird außerhalb des Körpers bewacht. In anderen Fällen gewährleistet eine entsprechend sichere Verpackung Schutz vor Feinden.

Brutfürsorge bei Fischen

Den besten Schutz für die Brut bietet der Mutterleib selbst. Im Korallenmeer kennen wir außer den Haien und einigen Rochenarten nur wenige Fische, die ihre Brut – ähnlich wie Säugetiere – vom Ei bis zur Geburt des fertigen Tieres im Mutterleib austragen. Kurios ist die Brutpflege bei den Seenadeln und Seepferdchen. Das Weibchen stülpt seinen penisartig aussehenden Eileiter in einen Schlitz am Bauch des Männchens, der den Eingang in eine Bruthöhle bildet und überläßt die Eier dem Männchen. Bei diesen Tieren trägt der Vater die Last der Geburt.
Die meisten Fische des Riffs sorgen weniger gut für ihre Nachkommen und pflegen die befruchteten Eier nur bis zum Ausschlüpfen der Larven. Einige von ihnen nehmen dabei die Eier ins Maul auf. Im Maul ist die Brut vor Freßfeinden besonders sicher und wird außerdem ständig mit Sauerstoff versorgt. Solche Maulbrüter sind die Kardinalfische *(Apogonidae)* und Brunnenbauer *(Opistognathidae)*. Im Indischen Ozean sah ich ein Apogon-Weibchen ein riesiges Eipaket ablegen. Sofort stürzten sich viele Artgenossen auf das Gelege und fraßen es auf. Vermutlich war das Weibchen bei der Aufnahme der Eier ins Maul zu langsam gewesen und mußte deshalb seine Brut den gefräßigen Artgenossen überlassen. Auch bei *Rhabdamia*-Arten konnte ich verfolgen, wie die Artgenossen beim Ablaichen der Weibchen regelmäßig in Freßstimmung gerieten.
Der Drückerfisch *(Balistes fuscus)* legt seine Eier in eine von ihm gebaute Sandgrube, die einen Durchmesser von etwa einem Meter hat. Einen Tag lang bewacht und befächelt er das Gelege. In dieser Zeit verteidigte das Tier seine Nestgrube gegen jeden

Eindringling auf das heftigste – selbst vorbeischwimmende Menschen werden angegriffen (Abb. 85). Bei Filmarbeiten wagte ich mich einmal zu dicht an ein Nest heran und konnte die Bisse des Fisches gerade noch mit der Kamera abwehren. Der Drückerfisch verfolgte mich viele Meter weit; er trieb mich regelrecht in die Flucht.

Die Korallenbarsche kleben ihre Eier meist an festen Untergrund, fächeln in Abständen frisches Wasser heran und verteidigen das Nest. Einer von ihnen, der Seeanemonenfisch *(Amphiprion)*, hat ein besonders hübsches, karminrotes Gelege von etwa 300 bis 400 Eiern, die er im Schutz der Seeanemone an Korallenästen anheftet (Abb. 84). Die annähernd zylindrischen Eier werden bis zu 3 mm groß. Der Fisch bewacht sein Gelege etwa 10 Tage lang. Zwischendurch entfernt er mit dem Maul absterbende, nicht befruchtete Eier und sorgt durch Flossenfächeln für frisches Wasser. Obwohl die Anemonenfische alle vorbeischwimmenden Fische vertreiben, die sich gern über das Gelege hermachen würden, sind die Eier doch nicht vor Raub sicher. Kleine Krebse pirschen sich im Schutz der Anemone heran und plündern manchmal das Gelege nach und nach aus.

Die Larven der Korallenbarsche *(Pomacentridae)* schlüpfen meist während der Nacht und wandern sofort ins Plankton ab. Nachts sind sie vor den vielen Fischen geschützt, die sich tagsüber von Plankton ernähren. Das bewahrt sie wenigstens in ihren ersten Lebensstunden vor dem Gefressenwerden. Aber später? Auch im Plankton gibt es viele Feinde, die ihnen ständig nach dem Leben trachten.

Das Schicksal der Jungtiere

Die befruchteten Eier oder die bereits ausgeschlüpften Larven schweben mit dem Plankton dahin. Es bleibt dem Zufall überlassen, ob sie durch Wasserströmungen wieder zum Korallenriff zurückgeschwemmt werden oder ob sie auf Nimmerwiedersehen hinaus ins offene Meer driften. Während sie durchs Wasser wandern, ernähren sie sich von kleinerem Plankton – oder werden selbst gefressen. Die freischwebenden Larven von Fischen, Korallen, Schnecken, Muscheln, Stachelhäutern oder Krebsen spielen als Zwischenglieder in der Nahrungskette des Korallenriffes eine große Rolle. So dienen sie letztlich auch dazu, ihre eigenen Eltern zu ernähren. Der Riesenaufwand an Zeugungskraft war nicht umsonst!

Um die Zukunft der Nachkommen ist es, wenn man die Entwicklung vom Ei ab verfolgt, nicht zum Besten bestellt. Es wird verständlich, daß bei dem hier herrschenden Wechselspiel von Zufall und Raub nur gigantische Mengen an Eiern das Überleben einer Art ermöglichen.

Nur die höher entwickelten Meeressäugetiere geben sich bei der Aufzucht ihres Nachwuchses mehr Mühe. Die Kinder werden lange gesäugt und beschützt. Dazu mußte aber ein hochorganisiertes Sozialverhalten entwickelt werden, das den Nachkommen Geborgenheit in der Gruppe gibt.

Zwischenartliche Partnerschaften

Partnerschaften zwischen Meerestieren gibt es in großer Zahl.
Oft sind es Vorteile beim Nahrungserwerb und Schutzbedürfnis, die
zur Entwicklung von Tiergemeinschaften führen und die
Existenz der einzelnen Arten sichern. Nicht immer genießen die
Partner Vorteile voneinander. In vielen Fällen nutzen Tiere
andere aus und richten sie sogar zugrunde.

88

89

87 Ein Rochen (Dasyatis lymma)
gräbt im Sand nach Nahrung. Der
aufgewirbelte Sand lockt andere Fische
herbei, die hier nach Futter suchen.

88 Die Meerbarbe (Pseudupeneus
macronema) durchwühlt den Sand
nach freßbaren Partikeln und stößt
dabei durch die Kiemen nach hinten
eine Sandwolke aus, die vom
Lippfisch (Coris caudimacula) nach
Futter untersucht wird.

89 Ein anderer Lippfisch (Cheilio
inermis) reitet auf einer Meerbarbe
und begleitet sie über weite Strecken,
bis sie endlich im Sand wühlt und
für den Reiter Nahrung aufwirbelt.

90 Diadem-Seeigel werden von
vielen Kardinalfischen (Paramia und
Cheilodipterus) besiedelt, die zwischen
den Stacheln Schutz vor Feinden
finden.

91

△

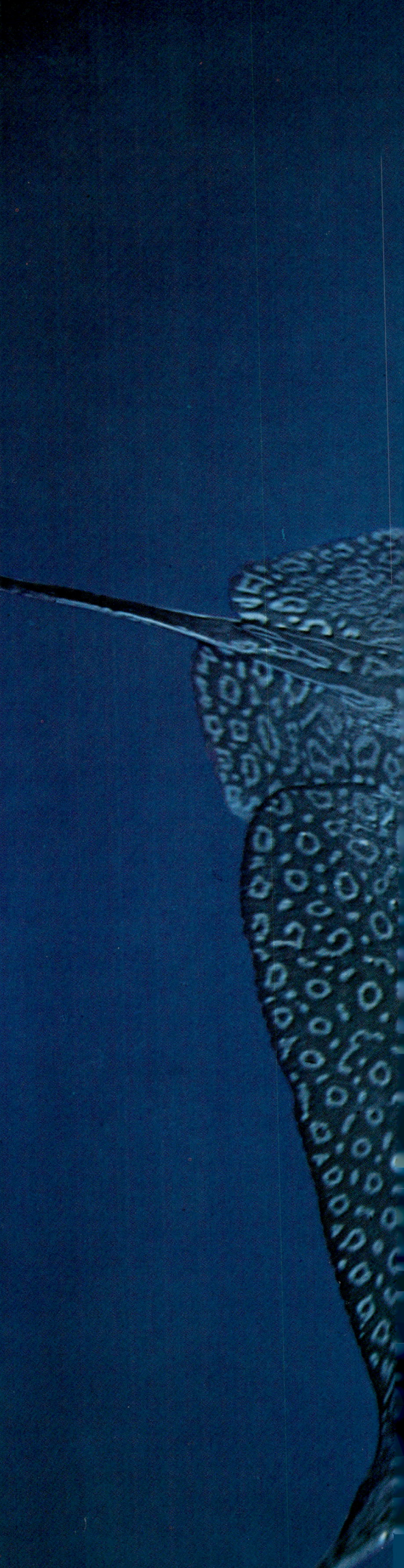

91 Schiffshalter oder Saugfische (Echeneis naucrates) haben sich an einer Karettschildkröte festgesetzt. Der Fisch hat ein Saugorgan am Kopf, das aus einer Reihe von Lamellen besteht. In Ostafrika wird der Saugfisch zum Schildkrötenfang verwendet. Fischer befestigen eine Leine am Schwanz des Fisches und werfen ihn ins Wasser, sobald Schildkröten auftauchen.

92 Der Pilotfisch (Naucrates ductor) begleitet frei schwimmend große Meerestiere oder auch dahintreibende Gegenstände, wie Baumstämme oder Boote. Auf dem Bild ist ein Schwarm Pilotfische mit einem großen Zackenbarsch zu sehen, der am Eingang seiner Höhle liegt. Es ist ungewiß, ob die Wirtstiere hin und wieder Pilotfische fressen; Beobachtungen an Haien vor den Azoren sprechen dafür.

93 Auch die großen Adlerrochen (Aetobatus narinari) werden von Saugfischen begleitet. Sie sammeln von der Oberfläche ihrer Wirte Hautparasiten ab und sind in ihrer Nähe geschützt.

◁ 94 Anemonenfische (Amphiprion) leben inmitten der giftigen Tentakeln von Seeanemonen, die für andere Fische tödlich sind. Der Amphiprion reibt sich vorsichtig an den Tentakeln der Seeanemone und übernimmt dabei einen Schutzstoff, der die Entladung der Nesselzellen hemmt. Die Tentakeln der Anemone würden sich selbst nesseln, hätten sie nicht diesen Schutzstoff entwickelt.

95 Selbst in der Nacht verläßt der Fisch die Anemone nicht und versteckt sich tief in ihren zusammengezogenen Tentakeln.

96 Die kolbenartig verdickten Tentakelspitzen der Seeanemone werden trotz ihrer Giftigkeit von einigen spezialisierten Fischen gefahrlos abgefressen.

95

96

97 Viele Einsiedlerkrebse tragen zeitlebens Seeanemonen mit sich herum, die ihnen durch ihre Giftigkeit Schutz bieten. Einige Krebse sind ihren Anemonen beim Besteigen der Schneckengehäuse sogar behilflich – zwischen Krebs und Anemone kommt es zum Austausch von Signalen.

98 Eine Partnerschaft zwischen Alpheus-Garnelen und Grundeln (Cryptocentrus sungami). Die Garnele schaufelt Sand aus der gemeinsamen Wohnhöhle, während der Fisch draußen am Eingang liegt und vor Feinden warnt.

99 Die zu Röhren verwachsenen Mundfahnen der Wurzelmundquallen (Cotylorhiza tuberculata) werden von Jungfischen der Bastardmakrele (Trachurus trachurus) besiedelt.

97

98

100 Putzersymbiosen. Ein Großaugenbarsch (Priacanthus hamrur) wird von einem Putzerfisch (Labroides dimidiatus) gesäubert. Der Kunde nimmt eine Aufforderungsstellung ein, indem er seinen Körper schräg stellt.

◁101 Der Fledermausfisch (Platax) öffnet weit seine Kiemenspalten, damit der Putzer in die Kiemenhöhle eindringen kann. Viele Parasiten halten sich bevorzugt zwischen den weichen Kiemenblättern der Fische auf, weil sie hier geschützt sind.

102 Ein parasitischer Krebs (Isopode) hat sich auf dem Kiemendeckel eines Schnappers (Haemulon plumieri) angesaugt. Dieser Parasit, der zum Tod des Fisches führt, sitzt so fest, daß er nicht von Putzerfischen entfernt werden kann. Die häufigsten Parasiten sind jedoch frei auf der Körperoberfläche herumlaufende Ruderfußkrebse (Copepoden).

103 Putzerstube am Riff. Eine Meerbarbe (Pseudupeneus dentatus) fordert kopfstehend einen Schmetterlingsfisch (Chaetodon nigrirostris) zum Putzen auf.

Symbiosen

Im Riff leben Tausende Individuen verschiedener Arten in scheinbar friedlicher Koexistenz nebeneinander. Da ist es nicht ungewöhnlich, daß einzelne Arten durch ihren ständigen räumlichen Kontakt in Wechselbeziehungen zueinandertreten. Sie erfahren zum Beispiel, daß es in der Nähe einer anderen Art leichter Futter gibt, oder finden heraus, daß ihnen ein fremdes Tier Schutz bieten kann. Manchmal haben beide Partner Vorteile voneinander und gehen enge Symbiosen ein. Umgekehrt gibt es aber auch Fälle, bei denen ein Tier durch ein anderes ausgenutzt wird, Schaden erleidet und sogar zugrunde geht. Diese unerfreulichen parasitischen Beziehungen sind in der Natur zahlreicher als solche, bei denen sich die Partner gegenseitig nützen.

Für den Verhaltensforscher ist besonders interessant, die Bedeutung und das Zustandekommen solcher zwischenartlicher Vergesellschaftungen zu untersuchen und dabei auch festzustellen, wie sich die Partner untereinander verständigen.

Feste Partnerschaften zwischen Tieren entstehen nicht von heute auf morgen. Es dauert lange Zeiträume, bis die Partner sich untereinander so angepaßt haben, daß ihre Beziehung sogar in ihrem Erbgut verankert und von Generation zu Generation weitergetragen wird. Lose Partnerschaften können jedoch schon innerhalb des Lebens eines einzigen Tieres entstehen. Dabei spielen Lernvorgänge eine große Rolle.

Partnerschaft zwischen Fisch und Mensch

Ein Erlebnis aus dem Roten Meer: Dort fütterte ich täglich über einige Zeit hinweg einen Drückerfisch mit Seeigeln. Der Drückerfisch lernte bald, daß das Erscheinen eines großen schwarzen Wesens mit vier spinnenartigen Gliedern, einem riesigen Zyklopenauge und zwei gelben Röhren auf dem Rücken, die unentwegt Luftblasen ausspucken, schmackhaftes Fressen bedeutete. Bald schwamm er mir geduldig hinterher, auch wenn ich ihm keinen Seeigel gab. Eine Partnerschaft zwischen Fisch und Mensch war entstanden. Schließlich wurde er so aufdringlich und störte auch meine Versuche, daß ich ihn bestrafen und in einen Käfig einsperren mußte.

Das ist jetzt drei Jahre her, aber noch heute schwimmt derselbe Drückerfisch jedem vorbeikommenden Taucher nach. Als ich im Oktober vergangenen Jahres das letztemal dort war, erkannte ich meinen alten Begleiter sofort wieder. Seine gerade Stirn war von vielen Seeigeleinstichen vernarbt und zeugte davon, daß er auch von anderen Tauchern Seeigel erbettelt hatte. Diese ›zwischenartliche‹ Partnerschaft ging einseitig vom Fisch aus, denn nur er hatte Vorteile von unserer Gemeinschaft (ich will gestehen, daß auch ich nicht ganz interesselos war, denn ich freute mich jedesmal über seine Anhänglichkeit). Unsere Partnerschaft wurde vom Fisch in der Erwartung schmackhaften Futters geschlossen. Solche Freßgemeinschaften habe ich im Korallenriff bei vielen Fischen beobachtet.

Gäste an der Tischrunde

Meerbarben suchen, wie schon erwähnt, unentwegt im Sand nach Nahrung. Sie nehmen den Sand mit dem Maul auf, durchsieben ihn und schleudern ihn schließlich durch die Kiemen nach hinten wieder heraus oder spucken ihn zum Boden zurück. Dabei entstehen Sandwolken, die noch viele freßbare Partikeln enthalten, denn die Meerbarben können nicht alle Nahrung fein säuberlich aus dem Sand heraussieben. Die ausgestoßene Sandwolke lockt viele Fische an, die darin nach Futter suchen. Manchmal sind die Meerbarben so tief im Sand eingegraben, daß man sie kaum noch erkennen kann. Und nur die Gäste an der Tischrunde sind ein Hinweis dafür, daß irgendwo dort unten im Sand eine Meerbarbe nach Fressen wühlt.

Der kleine Lippfisch *(Coris caudimacula)* ist besonders dreist und hält sich dicht neben den Meerbarben auf. Ein anderer Kunde *(Cheilio inermis)* folgt ihnen selbst im freien Wasser, dicht auf Körperkontakt schwimmend, er ›reitet‹ auf ihnen in der Erwartung, daß sie bald auf dem Boden aufsetzen und nach Nahrung suchen. Werden die Kunden zu aufdringlich, vertreiben die Meerbarben sie kurzerhand. Alle ›Mitesser‹ sind ortstreue Fische. Oft warten sie bereits an der Grenze ihres Gebietes auf die Sandwühler und verlassen sie erst, wenn diese die andere Seite ihres Revieres erreicht haben. Besonders vorsichtig verhält sich der kleine Drückerfisch *Hemibalistes chrysopterus:* Während er die Sandwolken nach Freßbarem durchsucht, blickt er mit seinen beweglichen Augen nach rechts und links, ob nicht ein Feind auftaucht.

Experimente im Meer

Durch welche Reize wird diese einseitige Freßgemeinschaft ausgelöst? Ist nur die Sandwolke für die Kunden attraktiv, oder erkennen sie auch die Meerbarbe an besonderen Merkmalen? Mit einem an einer Schnur hängenden Bleigewicht erzeugte ich durch wippende Bewegungen eine große Sandwolke und wartete gespannt, wie sich die Kunden verhalten würden. Tatsächlich kamen einige Fische neugierig näher, hielten jedoch einen großen Abstand ein. Offensichtlich war ihnen die Sandwolke, in der sie keine Meerbarbe entdecken konnten, nicht ganz geheuer. Erst als ich eine Meerbarben-Attrappe mit typischer Körperzeichnung auf dem Bleigewicht befestigte, kamen sie ganz dicht heran. Um zum Fressen angeregt zu werden, brauchen sie anscheinend beides: die Meerbarbe und die von ihr erzeugte Sandwolke. Ein Drückerfisch hatte jedoch den Betrug mit der Attrappe bemerkt: Er betrachtete Attrappen und Sandwolken, die mit meinem Bleigewicht erzeugt, viel größer waren, als sie je eine Meerbarbe aufwirbeln könnte, nur aus gehöriger Entfernung und kam nicht heran. Sicherlich waren für diesen ›klugen‹ Fisch auch spezifische Verhaltensweisen der Meerbarbe, die ich mit meinen Holzattrappen nicht nachahmen konnte, für das Erkennen der gesamten Situation notwendig.

Andere Freßgemeinschaften

Nicht nur Meerbarben suchen im Sand nach Nahrung. Jeden Morgen überquerte ein großer grauer Rochen mein Röhrenaal-Beobachtungsfeld im Roten Meer und wühlte dabei eifrig im Sand nach Muscheln und kleinen Krebstieren. Er wurde stets von einem Gefolge anderer Fische begleitet, die den von ihm aufgewirbelten Sand noch einmal durchstöberten.

Erst kürzlich fand ich im Roten Meer eine andere ungewöhnliche Freßgemeinschaft, dieses Mal zwischen zwei räuberischen Fischen. Regelmäßig am Spätnachmittag verließ eine weißgetupfte, ortstreue Muräne *(Lycodontis javanicus)* ihr angestammtes Versteck, um auf Nahrungssuche zu gehen. Sie durchstöberte alle Ecken eines großen Favia-Stockes, und so oft sie hier auftauchte, erschienen zwei ansässige Zackenbarsche *(Cephalopholis argus)*, die die Muräne auf ihren weiteren Jagdstreifzügen begleiteten. Sie schwammen dicht neben ihr und warteten geduldig vor Löchern, in die sich die Muräne zeitweise zur Beutejagd zurückzog. Hin und wieder bekamen die Zackenbarsche einen Brocken ab, den die Muräne fallen ließ. Da ich diese Freßgemeinschaft später auch an anderen Stellen des Korallenriffs beobachten konnte, nehme ich an, daß es sich nicht um zufällige Partnerschaften handelt.

Hinterlistige Reiter

Ein eigenartiges Tiergespann wurde schon vor vielen Jahren von Hans Hass entdeckt – eine Gemeinschaft, die wie bei den Freßgemeinschaften nur für einen Partner Vorteile bringt. Hass beobachtete in der Karibischen See, wie der Trompetenfisch *(Aulostomus maculatus)* sich kopfabwärts zwischen den Ästen von Hornkorallen tarnte. Als ein Papageifisch vorbeikam, verließ er sein Versteck und schwamm auf ihn zu. Er legte sich der Länge nach über seinen Rücken und ließ sich durch nichts von seinem ›Reitpferd‹ abschütteln. Ich muß erwähnen, daß sich der Trompetenfisch nicht etwa festhielt, sondern dicht über der Rückenflosse des Papageifisches mit diesem mitschwamm. Der anfangs aufgeregte Papageifisch beruhigte sich langsam, und nun folgte der Trompetenfisch jeder Bewegung seines Wirtes. Hass vermutete, daß der Ritt auf dem Papageifisch zur Beutejagd ausgeführt wurde, konnte es aber zunächst nicht nachweisen.

Der Trompetenfisch ritt nicht nur auf Papageifischen, sondern auch auf Zackenbarschen oder selbst auf Meerbarben, die viel kleiner als er selbst waren. Bei späteren Beobachtungen stellten Hass und seine Mitarbeiter dann fest, daß sich der Trompetenfisch, der ein gefräßiger Räuber ist, im Schutze dieser Fische unbemerkt an kleinere Fische heranschleicht, um sie dann in einem blitzschnellen Vorstoß zu erbeuten. Der Trompetenfisch tarnt sich immer in der Deckung solcher Fische, von denen seine Beutefische nichts zu befürchten haben (Abb. 11).

Im Indischen Ozean und im Roten Meer beobachtete ich oft, wie einzelne junge Meerbarben auf dem Rücken von Lippfischen oder auch älteren Artgenossen ritten. Sie schwammen dicht neben der Rückenflosse und folgten ebenfalls jeder Bewegung und Richtungsänderung ihres Wirtes. Auch Jungtiere versuchten, wenn sie einmal von ihrer Gruppe abgesprengt waren, aufeinander zu reiten. Vermutlich entspringt dieses Verhalten einem starken Schutzbedürfnis, das auftritt, sobald die Tiere von ihrem Schwarm getrennt worden sind. Ein ähnliches soziales ›Anlehnungsbedürfnis‹ zeigen auch andere Fische, die im freien Wasser größeren Meerestieren folgen.

Begleitfische

Vor dem Maul von Haien, Mantarochen oder den großen Walhaien werden oft Pilotfische *(Naucrates ductor)* beobachtet. Früher glaubte man, daß diese Pilotfische ihre großen Begleiter zur Beute führen. Heute weiß man, daß Pilotfische nicht nur Fischen, sondern jedem größeren Objekt folgen: treibenden Baumstämmen, Tauchern oder sogar kleineren Booten. Einmal entdeckte ich einen Schwarm junger Pilotfische, die sich dicht um den Propeller des abgestellten Außenbordmotors unseres Bootes geschart hatten. Als wir einige von ihnen fingen und in ein Aquarium setzten, erkoren sie sich einen Papageifisch als Begleiter aus.
Hass entdeckte, daß Pilotfische bei Gefahr ins Maul von großen Rochen und Walhaien hineinschwimmen, um dort Schutz zu suchen. Vor den Azoren hielten sie sich bei einigen Haiarten jedoch nur in der Höhe von Rücken- und Schwanzflosse auf und mieden die Maulgegend. Bisher ist noch nicht festgestellt worden, ob die Pilotfische von Haien gefressen werden. Ihr Verhalten auf den Azoren spricht dafür. Daß die Pilotfische in der Nähe größerer Meerestiere vor allem Schutz genießen, steht heute wohl außer Zweifel. Gleichzeitig können sie Nahrungsbrocken erhaschen, die immer wieder bei der Beutejagd abfallen.
Andere ständige Begleiter großer Meerestiere sind die Saugfische oder Schiffshalter *(Echeneis naucrates, Remora remora)*. Bei diesen Fischen hat sich der vordere Teil der Rückenflosse zu einem großen Saugorgan umgebildet, mit dem sie sich an Haien und anderen größeren Tieren festhalten (Abb. 91, 93) und sich so von ihnen durch das Wasser ziehen lassen.
Meine erste Begegnung mit diesen Fischen hatte ich im Roten Meer. Während ich dahinschwamm, verspürte ich auf meinem Rücken plötzlich eine Berührung. Ich griff erschrocken mit der Hand dorthin und traf auf einen glatten, schleimigen Körper: Es war ein Remora, der sich an mir festsaugen wollte. Immer wieder schwamm er auf meine Brust zu, was mir nicht sehr angenehm war, da ich ziemlich kitzlig bin. Über eine halbe Stunde versuchte ich erfolglos, den lästigen Begleiter abzuschütteln. Zum Glück kam später ein Freund von mir angeschwommen und befreite mich endlich von dem aufdringlichen Saugfisch.

140

Hans Hass berichtet, daß der Remora seinen Tauchbegleiter Ingenieur Hirschel in die Brustwarzen gebissen hat, was mir übrigens später auch passierte. Vermutlich suchen die Saugfische auf der Körperoberfläche ihrer Wirte nach Hautparasiten. Außerdem nehmen sie an der Mahlzeit ihrer Wirte teil. Das bekam ich einmal auf recht eindrucksvolle Weise im Golf von Mexiko zu sehen: Wir hatten von Bord der Rhincodon Fleischstücke ins Wasser geworfen, um Haie anzulocken. Bald stellten sich zwei kleine Haie ein und machten sich gierig über das Fleisch her. Sie hatten eine Schar Saugfische mitgebracht, die jetzt die Körper ihrer Wirte verließen und eifrig nach kleineren herabfallenden Brocken schnappten.

Saugfische sind nicht auf bestimmte Wirte spezialisiert. Ich sah sie auf den Köpfen, auf Brust- und Bauchschildern von Seeschildkröten, auf Papageifischen, Zackenbarschen und selbst auf großen Meerbarben. Wenn sie kein geeignetes Ansaugobjekt finden, verschonen sie selbst den Artgenossen nicht. Bei Madagaskar fotografierte ich zwei gleichgroße Tiere; das eine hatte sich am Bauch des anderen festgesaugt! Der Transporteur versuchte mit allen Mitteln, seinen Begleiter abzuschütteln, was ihm jedoch nicht gelang. Seine Schwanzflosse war weit gespreizt, und er drohte seinen Artgenossen an. Der am Bauch festgesaugte Reiter konnte die Signale und Drohgebärden jedoch nicht sehen, er verharrte deshalb unbeirrt in seiner Stellung.

Das Suchen nach einem Ansaugobjekt bezeichnen Verhaltensforscher als Such- oder Appetenzverhalten. In Ostafrika wird das Appetenzverhalten der Saugfische bei der Schildkrötenjagd ausgenutzt. Die Fischer binden einen Strick um den Schwanz des Fisches und werfen ihn ins Wasser, sobald eine Schildkröte auftaucht. Der Fisch saugt sich fest, so daß man beide an Bord ziehen kann.

Saugfisch und Wirt bilden eine Transportgemeinschaft, von der beide Vorteile haben: Die Saugfische werden von ihrem Wirt ständig umhergetragen, nehmen an den Überresten der Mahlzeit teil und sind überdies ausgezeichnet geschützt. Kürzlich fand Roger Cressey, daß der Mageninhalt von Saugfischen zu 70 % aus parasitischen Ruderfußkrebsen bestand, die von der Körperoberfläche der Wirte stammten. Der Saugfisch säubert seinen Wirt – die Transportgemeinschaft ist somit eine echte Symbiose.

Andere Transportgemeinschaften

Meist sind es größere Tiere, die als ›fahrbarer Untersatz‹ von kleineren ausgenutzt werden. Ich habe schon über die kriechenden Rippenquallen berichtet, einige von ihnen führen eine recht exklusive Lebensweise. Die Art *Coeloplana bannwarthi* lebt zum Beispiel auf den Stacheln der großen Diadem-Seeigel. Nachts kriechen die Tiere an den Stacheln aufwärts und werfen von diesem erhöhten Standort ihre klebrigen Tentakelfäden in das Wasser hinaus. Der dichte, bewegliche Stachelwald ist dann in einen Schleier von weißlichen Fähnchen eingehüllt. Der Seeigel ist nachtaktiv und läuft zum Fressen auf offene Flächen hinaus. Dabei schleppt er unfreiwillig die Rippenqualle mit sich herum, die von diesem Ortswechsel profitiert, denn sie wird laufend zu günstigen Jagdgebieten transportiert.

Auf den Schildern der großen Seeschildkröten leben zahlreiche Seepocken – Krebsverwandte, die mit fingerartigen Tentakeln Nahrung aus dem Wasser fangen. Auch für die Krebschen ist das Reisen auf der Schildkröte vorteilhaft, da sie ständig im planktonreichen, freien Wasser umhergetragen werden.

Ein alteingefahrenes Gespann, bei dem beide Partner Vorteile voneinander haben, ist die in vielen Meeren anzutreffende Gemeinschaft zwischen Einsiedlerkrebsen und Seeanemonen. Die Seeanemonen setzen sich mit ihrer Fußscheibe auf den Gehäusen von Schnecken fest, in denen der Einsiedler lebt. Der Krebs transportiert die Schale und die Seeanemone ständig mit sich herum. Er genießt dafür Schutz vor Feinden, die durch die nesselnden Tentakeln der Seeanemone abgehalten werden. Die Anemone ihrerseits hat durch den Ortswechsel mehr Gelegenheit, Beute zu machen. Die Beziehung zwischen Einsiedler und Anemone ist nicht immer gleich stark entwickelt. Im Mittelmeer hilft ein Krebs seiner Anemone sogar beim Besteigen des Schneckengehäuses, er löst sie durch Betasten und Beklopfen behutsam vom Boden ab, was sich die Anemone auch bereitwillig gefallen läßt.

Eine auf dem Sand lebende Koralle *(Heteropsammia)* kann nur noch mit Hilfe eines Sternwurmes *(Aspidosiphon)* existieren, der ihr Kalkskelett bewohnt. Die Koralle wird vom Wurm umhergetragen und durch ihn aufgerichtet, sollte sie einmal auf dem Boden umgekippt sein. Außerdem verhindert der Wurm, daß die Koralle zu tief in den Sand einsinkt.

Bewohner von Seeigeln

Im Korallenriff gibt es kaum einen Platz, der nicht von irgendeinem Spezialisten als Wohnraum ausgenutzt wird. Selbst die Stachelbündel der vielen Seeigel werden von verschiedenen Lebewesen besiedelt. Ich hatte schon von den *Siphamia-Fischen* berichtet, die im dichten Schwarm den Stachelwald eines *Astropyga-Seeigels* umschwimmen und dadurch hervorragend im Kollektiv getarnt sind. Dieses Verhalten tritt jedoch nur bei Übervölkerung auf, normalerweise sitzen die kleinen Fische zu zweit oder zu dritt zwischen den Stacheln des Seeigels. Hier sind sie vor Feinden absolut sicher. Nur der Seeigel selbst versucht, sie zu erbeuten. Kann er einen Fisch mit den Stacheln erreichen, spießt er ihn auf und transportiert die Beute auf den Stacheln zum Mund, wo der Fisch, schwanzvoran, langsam verschlungen wird.

Die großen Diadem-Seeigel werden tagsüber von zahlreichen Kardinalfischen *(Apogonidae)* besiedelt, die mitunter in großen Schwärmen im Stachelwald des Seeigels sitzen. Nachts, wenn der Seeigel auf seine Weidegründe hinausläuft, verlassen sie ihren stachligen Schlupfwinkel.

Am Tage bietet er ihnen idealen Schutz vor Freßfeinden und ist gleichzeitig ein günstiger Ausgangspunkt für die Beutejagd. Ob auch der Seeigel von seinen Besiedlern Vorteile hat, ist bis jetzt noch sehr umstritten. Eibl-Eibesfeldt hat beobachtet, wie Siphamia-Fische ihren Seeigel putzen.

Wir können bisher noch nicht absehen, welche Bedeutung der Stachelwald von Seeigeln für das gesamte ökologische Gefüge des Korallenriffes hat. Nicht nur die Kardinalfische leben auf Seeigeln, viele Jungtiere von anderen Fischen, von Krebsen und sogar Tintenfischen halten sich zeitweise zwischen den Stacheln auf. Die Überlebenschancen dieser Tiere wäre geringer, hätten sie nicht den Seeigel als Unterschlupf. Die Besiedler erkennen ihren stachligen Wirt an seiner dunklen Körperscheibe und seinen Stacheln. Sie schwimmen deshalb auch auf Attrappen zu, die diese Seeigelmerkmale aufweisen. Ich ließ zum Beispiel Siphamia-Fische zwischen zwei Körperscheiben-Attrappen wählen, von denen eine nur einen Stachel trug. Die Fische schwammen stets auf die Attrappe mit dem einen Stachel zu.

Schutz- und Trutzbündnisse

Nicht nur die spitzen Stachelbündel von Seeigeln bieten vielen Tieren Schutz und Deckung, einige Spezialisten haben sich einen noch gefährlicheren Lebensraum als Wohnung ausgesucht – die nesselnden, giftigen Fangarme von Medusen und Seeanemonen. Ich berichtete schon vom *Nomeus-Fisch,* der zwischen den sogar für Menschen lebensgefährlichen Tentakeln der Physalia oder Portugiesischen Galeere lebt. Auch die Schirmunterseite der Wurzelmundquallen wird von Fischen besiedelt. Was den Nomeus-Fisch vor dem tödlichen Nesselgift schützt, ist noch nicht genau bekannt. Besser Bescheid wissen wir über die Schutz- und Trutzbündnisse der Seeanemonen und der auf ihnen lebenden Fische *(Amphiprion, Dascyllus, Premnas)* und Krebse. Die Untersuchungen von Schlichter z. B. haben geklärt, was die Amphiprion-Fische vor der nesselnden Wirkung der Tentakeln bewahrt. Die Tentakeln der Anemonen würden sich selbst nesseln, hätten die Anemonen nicht einen Schutzstoff entwickelt, der die Entladung der Nesselzellen auf ihre eigenen Tentakeln verhindert. Jede Tentakel ist mit einem dünnen Film dieses Schutzstoffes überzogen. Die Anemonenfische übernehmen nun durch ein besonderes Anpassungsverhalten den Schutzstoff von der Tentakeloberfläche und reiben ihren Körper vollständig damit ein. So verhindern sie die Entladung der Nesselzellen und können sich ungehindert inmitten der giftigen Tentakeln bewegen. Für Filmaufnahmen führte ich im Roten Meer folgende Experimente durch: Ich rieb den Schutzstoff mit Sand und einem Leinentuch von der Haut der Fische ab. Dann narkotisierte ich die Fische und gab sie in ihre Anemone zurück: In Sekundenschnelle wurden sie von den Tentakeln genesselt, festgehalten und zur Mundöffnung der Anemone gezogen. Einige Male ließ ich Fische ohne Schutzstoff aus ihrer Narkose aufwachen. Sie schwammen schnurstracks auf ihre Anemone zu und wurden sofort genesselt. Sie schreckten zunächst zurück, versuchten dann aber doch, allmählich wieder Kontakt mit den Tentakeln aufzunehmen. Sie berührten sie zuerst mit den Brustflossen, dann mit dem Kehlboden und rieben sich so im Verlauf mehrerer Stunden ganz mit dem Hautschutzstoff ein. Es wäre also durchaus möglich, daß andere Fische mit ähnlichem Verhalten Seeanemonen besiedeln, sie müßten dazu nur herausfinden, wie man den Schutzstoff übernimmt. Allerdings hätten sie dabei mit dem erbitterten Widerstand der Amphiprion-Fische zu rechnen, denn diese Fische greifen alles an, was in die Nähe der Anemone kommt: Artgenossen, andere Fische jeder Größe, Seeschildkröten und auch Menschen. Unter lauten ›tock-tock‹-Rufen haben sie mich oft so heftig gebissen, daß Spuren in meiner Haut zurückblieben. Besonders gern kämpften sie mit ihrem eigenen Spiegelbild auf den Gläsern der Tauchmaske. Auch das silbrig schimmernde Armband meiner Unterwasseruhr löste wütende Angriffe aus.

Seit über 100 Jahren haben sich Meeresbiologen die Köpfe darüber zerbrochen, welche Vorteile Fisch und Anemone von ihrer Partnerschaft haben könnten. Dem Fisch bietet die Anemone Schutz vor Feinden. Er wohnt zwischen den Tentakeln und zieht sich sogar nachts in sie zurück. Es wird angenommen, daß er dafür die Anemone säubert und sogar füttert. Das Füttern ist jedoch mehr eine Begleiterscheinung des eigenen Beutemachens. Hat nämlich der Fisch außerhalb der Anemone eine Beute aufgetrieben, dann schwimmt er sofort damit zur Anemone zurück, deren Tentakeln die Beute häufig übernehmen. Diese Fische sind hauptsächlich Kleinpartikelfresser und erwischen nur selten größere Beute. Das Füttern wurde nur im Aquarium beobachtet, es scheint im Riff nicht von Bedeutung zu sein. Daß der Fisch extra für die Anemone Beute herbeilockt, ist ausgeschlossen. Im Gegenteil, viele Fische meiden die Nähe der Anemone, weil sie dort regelmäßig vom Amphiprion Prügel beziehen. Ich habe schon erwähnt, daß die Färbung des Fisches unter diesen Umständen sogar zu einer Warntracht wird. Trotzdem hat aber die Anemone vom Fisch einen anderen bedeutenden Vorteil.

Im Roten Meer beobachteten wir verschiedene Fische (z. B. *Chaetodon fasciatus)*, die mit Vorliebe die Tentakeln der Anemone fraßen. Die Feinde der Anemone konnten wir nur herbeilocken, wenn wir die Anemonenfische unter einem Glas einsperrten. In dem Augenblick, als die Feinde die Anemone zu zerpflücken begannen, ließen wir die Fische aus ihren Gefängnissen: Sie stürzten sich mit Vehemenz auf die Anemonenräuber und trieben sie im Nu in die Flucht. Wir verstanden jetzt, weshalb die Anemonenfische so angriffslustig sind. Sie vertreiben mit den Freßfeinden der Anemone auch ihre eigenen Feinde, die ja ihr Heim zerstören.

So sind Anemone und Fisch zu einer festen Schutz- und Trutzgemeinschaft geworden, die für beide Partner Vorteile bringt.

Kooperation zwischen Fisch und Garnele

Auf Sand- oder Schlickböden im Indopazifik leben einige Garnelenarten, einzeln oder in Paaren, mit Meergrundeln in einer gemeinsamen Wohnröhre. Der Fisch lauert am Eingang der Höhle, während die Garnele unablässig Sand aus dem Röhreninneren herausschaufelt. Bei Gefahr flüchten beide in die Höhle hinein.

Magnus hat im Roten Meer die Lebensweise von Fisch und Garnele eingehend untersucht, um einen Einblick in die Bedeutung dieser Lebensgemeinschaft zu gewinnen. Dabei entdeckte er eine Reihe erstaunlicher Verhaltensweisen.

Im Roten Meer leben *Alpheus-Garnelen* mit den Grundeln *Cryptocentrus, Lotilia* und *Vanderhorsia* in Wohngemeinschaft zusammen (Abb. 98). Die Wohnröhren der Garnelen sind regellos über den Boden verteilt. In jeder Röhre leben zwei etwa gleich große Garnelen mit jeweils einem Fisch zusammen. Die Wohnröhren verlaufen unter dem Sand parallel zur Bodenoberfläche und können bis zu 70 cm lang werden. Was machen die Tiere in ihren unterirdischen Gängen? Magnus beobachtete, wie die Garnelen den Boden in den Höhlen nach freßbaren Partikeln durchsieben. Am Tage schieben sie mit ihren Scheren eine Menge Schlickmaterial aus der Röhre heraus, so daß vor dem Eingang eine deutlich sichtbare Auswurfhalde entsteht. Der Eingang zur Höhle muß verlagert werden, und damit verändert sich auch ständig die Lage der Höhle wie der Stollen eines Bergwerks. Innerhalb eines Tages kann sich die Position des Höhleneingangs beträchtlich verschieben.

Doch was haben nun die Meergrundeln in dieser Röhre zu suchen? Die Fische liegen auf der Böschung der kleinen Auswurfhalde und beteiligen sich nicht im geringsten am Röhrenbau. Sie schnappen nach Kleintieren, die sich in der Nähe des Bodens aufhalten. So bleiben sie den ganzen Tag über auf der Lauer, die Schwanzflosse nach Möglichkeit dicht am oder im Röhreneingang. Bei Gefahr flüchtet die Grundel kopfvoran in die Höhle. Dabei wird manchmal der Röhreneingang durch eine hastige Bewegung arg zerstört.

Die Garnelen sind meistens kleiner als die Grundeln, doch bauen sie die Röhre so groß, daß auch der Fisch mit hineinpaßt. Er empfängt von den langen Antennen der Garnele streichelnde Berührungsreize, die er sich, so scheint es, gern gefallen läßt. Selbst wenn sich eine Garnele mal unter ihm hindurchzwängt und ihn zur Seite drängt, stört ihn das nicht. Liegt der Fisch draußen auf der Lauer, kommt eine der beiden Garnelen in kurzen Zeitabständen zum Röhreneingang und tastet mit ihren Antennen nach der Schwanzflosse des Fisches, als wolle sie sich vergewissern, daß er auch wirklich noch da ist. Wenn sie außerhalb der Röhre beschäftigt ist, hält sie zumindest mit einer Antenne Dauerkontakt zum Fisch.

Die unpigmentierten Augen der Garnelen sind wahrscheinlich nicht sehtüchtig. Statt dessen kann sie durch Antennenkontakt jederzeit Informationen über die Bewegungen des Fisches erhalten. Auch Wasserbewegungen können über die Antenne wahrgenommen werden. Magnus glaubt, daß die Garnelen über Wasserströmungen, verursacht von Flossen oder Körper des Fisches, warnende oder beruhigende Verhaltens-intentionen ihres Partners verstehen können. Magnus schreibt: ›Alle für die normale Dauerstellung und langsame Ortsveränderung des Fisches typischen Bewegungen, be-sonders aber ein leichtes Undulieren von Rücken- und Schwanzflosse, dienen als Si-gnale für die Garnelen, außerhalb der Röhre gefahrlos ihren Beschäftigungen nach-gehen zu können. Sie verschwinden jedoch blitzschnell in der Röhre, wenn der Fisch entweder auf eine Beute vorschnellt oder sich bei Gefahr zum schnellen oder lang-samen Rückzug in die Höhle bereit macht. In allen Fällen warnt er die Garnele vor-her mit kurzen, schnellen Schlägen der Schwanzflosse. Diese Intensionsbewegungen des Fisches sind für die Garnele das Signal, sofort rückwärts in die Röhre zu fliehen. Von sich aus können sie nun ihre Röhre nicht verlassen, solange sie nicht vom Fisch die für sie spezifischen Entwarn- bzw. Beruhigungssignale empfangen haben.‹

Der Austausch dieser taktilen Signale ermöglicht es der halbblinden Garnele, sich ohne Risiko außerhalb der Röhre zu bewegen. Ohne den Fisch in seiner Funktion als Vorwarnsystem wäre sie auf diesen deckungslosen Böden Feinden schutzlos preis-gegeben. Während sie ihren unterirdischen Lebensraum für kurze Zeit verläßt, kann sie an der nährstoffreichen Oberfläche Nahrung aufnehmen. Der Fisch seinerseits ge-nießt durch die Partnerschaft den Vorteil, eine sichere Schlaf- und Versteckröhre vor-zufinden, die er nicht selbst zu graben braucht.

Die Putzersymbiose

Das Absammeln von Parasiten und krankem Hautgewebe von der Körperoberfläche der Fische ist eine Art der Nahrungsbeschaffung, die von vielen Fischen im Riff prak-tiziert wird. Verschiedene Riffbewohner haben sich vollständig auf diese Tätigkeit spezialisiert. Das Putzen bringt für beide Beteiligten Vorteile: Für den Putzer be-deutet das Parasitensammeln Nahrung, während der Putzkunde seine lästigen oder sogar lebensgefährlichen Hautbewohner los wird. Über die Bedeutung der Putzsym-biosen für das gesamte ökologische Wirkungsgefüge des Riffs haben wir durch ameri-kanische Untersuchungen Einblick erhalten. Früher hielt man das Putzergewerbe nur für ein unbedeutendes Kunststück aus dem Kuriositätenkabinett der Riffbewohner. Als Limbaugh jedoch feststellte, daß die Putzergrundel *(Elacatinus oceanops)* über 300 Kunden in sechs Stunden abfertigen kann, bekam man langsam eine Vorstellung davon, wie wichtig die Putzer für die ›Hygiene‹ vieler Riffbewohner sind.

Die Hautparasiten der Fische sind vorwiegend Krebstiere, die auf der Körperober-fläche, unter den Schuppen, und besonders gern zwischen den Kiemenblättern leben. Manche Parasiten, wie Isopoden, sitzen festgesaugt auf den Kiemendeckeln (Abb. 102) und können den Tod der Fische herbeiführen. Die Parasiten erzeugen wahrscheinlich einen Juckreiz, denn viele Fische scheuern sich an harten Gegenständen. Einige, wie die Stachelmakrele *(Elagatis),* benutzen sogar die rauhe Haut der Haie als ›Sand-

papier‹. Sie drehen sich vor einem Hai auf die Seite und reiben sich im Vorbeischwimmen den Rücken ab.

Als Limbaugh an zwei kleinen Riffen alle Putzer entfernte, wanderten innerhalb von
zwei Wochen auch alle ehemaligen Putzkunden ab. Nur die ortstreuen, territorialen
Arten blieben zurück. Auf ihren Körpern zeigten sich bald weiße Punkte – die Parasiten konnten sich jetzt ungestört entwickeln. Erst nach einiger Zeit wanderten neue
Putzerfische in das Riffgebiet ein.

Das Experiment wurde erst kürzlich mit negativem Ergebnis in Hawaii wiederholt,
wo der Berufsputzer *Labroides phtirophagus* lebt. Obwohl alle Putzer an einem isoliert stehenden Riff weggefangen wurden, waren nach einem Monat trotzdem keine
Kunden des Gebietes abgewandert. Ihnen fehlte durch die isolierte Lage des Riffs die
Möglichkeit, sich anderswo anzusiedeln.

Die meisten Putzer sind ortstreu. Die Kunden merken sich den Ort und kommen so-
gar aus entfernten Riffgebieten herbeigeschwommen, um sich säubern zu lassen.
Manchmal stehen sie Schlange, und die Dienste der Putzer werden über lange Zeit in
Anspruch genommen.

Im Kapitel ›Die Sprache der Signale‹ erwähnte ich schon, daß auch viele Garnelen
als Putzer bekannt sind. Im Roten Meer stellte ich fest, daß die dort lebende Putzergarnele *(Leandrites cyrtorhynchus)* immer in unmittelbarer Nachbarschaft des Berufs-
putzers *(Labroides dimidiatus)* lebt. Nutzt die Garnele die anlockenden, freundlichen
Signale des Putzers aus? Dann könnten wir uns vorstellen, wie es eventuell zur Entwicklung der Garnelen-Putzsymbiose kam – eine Frage, die uns immer interessiert,
wenn wir tierische Partnerschaften untersuchen.

Eine Modellvorstellung: Die Putzkunden lernen durch Erfahrung, eine Putzstation
aufzusuchen, von wo sie durch die Signale des Putzers angelockt werden. Die Kunden
sind in hoher Putzbereitschaft und laden durch starre Körperhaltungen zum Putzen
ein. Unter diesen Umständen würden sie auch gern die Tätigkeit der Garnelen annehmen. Man kann sich leicht vorstellen, daß die Putzaufforderungssignale des Kunden von den Garnelen ›parasitisch‹ ausgenutzt werden. Die Evolution brauchte erst
nachträglich Signale zu entwickeln, an denen auch Kunden die Garnelen erkennen.
Sind die Kunden jedoch nicht in Putzbereitschaft, so haben sie durchaus Appetit auf
Putzgarnelen, wie Magenuntersuchungen zeigten.

Die Entwicklung der Symbiose zwischen Garnele und Putzkunden könnte demnach
erst zu einem Zeitpunkt begonnen haben, als die Kunden bereits die freundlichen Signale des Putzerfisches verstanden. Ich habe nie beobachtet, daß die Putzerfische mit
den Garnelen auf Kriegsfuß stehen, was man eigentlich annehmen sollte, gehören
doch beide zur gleichen Berufsgenossenschaft! Sicher geraten Garnele und Putzerfisch
nicht in Konkurrenz um Kunden, weil ein Überangebot an putzwilligen Fischen vorhanden ist.

Körperform und Umwelt Anpassungswettstreit

Ein Fisch sieht nicht immer wie ein Fisch aus. Der Formenreichtum der Riff-Fische scheint wie ein willkürliches Spiel der Natur.
Die Körperform der Fische hat sich jedoch in Anpassung an ihre Lebensweise, ihre Nahrung und an ihren Lebensraum
sinnvoll entwickelt.
Besonders schnelle Anpassung ist dort zu beobachten, wo sich Räuber und Beutetier im Daseinskampf gegenseitig an Erfindungsreichtum zu übertreffen versuchen.

104 Der seitlich abgeflachte Körper des Halfterfisches (Zanclus cornutus) dient dem schnellen Manövrieren zwischen Korallenästen und erhöht beim Schwimmen, wie der Kiel eines Bootes, die Kursstetigkeit.

105, 106 Der Igelfisch (Cyclichthys echinatus) und der Kofferfisch (Ostracion tuberculatus) sind zu besonderer Wendigkeit auf engstem Raum fähig. Mit Hilfe von vier ›Propellern‹, zwei Brustflossen, je einer After- und Rückenflosse, können sie sich auf der Stelle drehen.

107 Der Zackenbarsch (Epinephelus striatus), der im Hinterhalt versteckt lauert, überfällt seine Beute im Blitzstart. Ein massiver Körper und starke Muskeln ermöglichen ihm die starke Beschleunigung.

105

106

◁ 108 Anpassung an das Bodenleben.
Viele bodenbewohnende Fische
stützen sich mit ihren Brustflossen
am Untergrund ab, oder sie können
mit ihnen wie auf Beinen laufen. Bei
dem abgebildeten Korallenwächter
(Paracirrhites forsteri) dienen die
Strahlen der Brustflossen als Stütze.
Stundenlang liegt dieser Fisch
regungslos auf Korallenblöcken. Bei
vielen an das Bodenleben angepaßten
Tieren ist die Schwimmblase – das
Schwebeorgan der Fische – rück-
gebildet, da sie nicht benötigt wird.

110

△

109, 110 Der Rotfeuerfisch (Pterois
volitans) lebt vorwiegend am Boden,
doch kann er auch frei schwimmend
kleinere Strecken zurücklegen. Da
seine Schwimmblase ebenfalls rück-
gebildet ist, sind seine Brustflossen
zum Schweben tragflächenartig
verbreitert. Er benutzt sie auch als
Treibnetz bei der Jagd auf kleine
Fische. Sie hindern ihn aber am
raschen Schwimmen. Um nicht
Feinden zum Opfer zu fallen, ist er
hochgradig giftig geworden.

111 Auch beim giftigen Skorpionsfisch
(Dendrochirus) hat sich ein Teil
seiner Brustflosse zu einer Trag-
fläche verbreitert, mit der er sich am
Boden abstützt.

111

112 Giftige Tiere. Die dahintreibende Fahnenqualle (Dactylometra quinquecirrha) der tropischen Meere fischt mit ihren Tentakeln viele Kubikmeter Wasser ab. Die giftigen Tentakeln erbeuten Plankton und auch größere Fische.

◁ 113 Die Kegelschnecke (Conus textilis) spritzt wie mit einer Injektionsnadel ihren Opfern das Gift ihrer Speicheldrüsen ein.

114 An australischen Riffen lebt die giftige Seeschlange (Aipysurus laevis). Seeschlangen haben dort schon Taucher angegriffen.

115 Die gefährlichen Fangarme der Staatsqualle oder Portugiesischen Galeere (Physalia physalis) hängen bis zu 50 m weit im Wasser. Ihre Berührung kann für den Menschen tödlich sein.

Bizarre Fischgestalten

Bei meinen Streifzügen durch das Riff stelle ich mir oft die Frage, wozu die Vielgestaltigkeit der Tiere, wozu all diese kuriosen Körperformen wohl gut sind und aus welchem Grund die Natur so bizarre Gestalten, wie beispielsweise das Seepferdchen, den Rotfeuerfisch oder den Kofferfisch, hervorgebracht hat. Können sich solche Fische überhaupt im Daseinskampf im Riff behaupten? Rentiert sich ihre Konstruktion? Es ist tatsächlich so: Bestimmte Lebensräume des Riffs bringen ganz bestimmte Körperformen hervor. Die uns vertraute ›normale‹ Gestalt eines Fisches, die etwa einem Hering gleicht, findet man vorwiegend im freien Wasser. Die am meisten abgewandelten Typen, wie flache, hochrückige, kugelrunde, spindeldürre oder kastenförmige Gestalten, treffen wir dagegen überall im Wirrwarr der Korallenäste an. Über Sandgrund wieder leben Tiere, deren plattgedrückte Form einem Pfannkuchen ähnelt und die eine besondere Anpassung an diesen Lebensraum darstellt. Welcher Selektionsdruck mag diese Vielfalt an Gestalten hervorgebracht haben?

Die Körper- und Flossenform eines Fisches – und nur von Fischen soll hier die Rede sein – kann durch verschiedenste Faktoren geprägt werden: durch die Art der Nahrung, durch die Besonderheit des Lebensraums, aber auch durch den sozialen Partner. Der kleine parasitische Fisch *Carapus* z. B. nistet sich im Enddarm von Seegurken ein. Er verläßt seinen Wirt nur in der Nacht, wie ich wiederholt beobachten konnte. Dieser Fisch hat in Anpassung an seine Lebensweise den Hinterleib zurückgebildet und besitzt keine Flossenanhänge mehr, die ihn in seinem engen Lebensraum nur behindern würden. In vielen Fällen läßt sich deutlich verfolgen, wie Körper und Flossen zum Zweck der Fortbewegung spezielle Formen herausgebildet haben. Wasser ist achthundertmal dichter als Luft; um seinen Widerstand zu überwinden, brauchen die Fische kräftige Antriebsorgane. Den Hauptantrieb bewirkt meist die Schwanzflosse: Durch seitliche Schlagbewegungen erzeugt sie Schubkräfte, die den Körper vorwärtsbewegen. Bei vielen Fischen fehlt allerdings eine voll entwickelte Schwanzflosse, diese Tiere bewegen sich dann durch schlängelnde Rumpfbewegungen fort, andere rudern mit ihren Brustflossen durch das Wasser.

Ich will einmal aufzeigen, welche Bewegungsweisen und Körperformen im Korallenriff herausgebildet wurden und wie sich dabei die ›Normalform‹ eines Fisches in Anpassung an den Lebensraum allmählich verändert hat.

Schnellschwimmer des freien Wassers

Im offenen Wasser über dem Riff gibt es keine räumlichen Hindernisse. Die Fische können sich frei bewegen und brauchen bei der Jagd auf Beute keine schwierigen Wendemanöver auszuführen. In diesen weiten, offenen Räumen kann die Beute nur durch einen Blitzangriff zur Strecke gebracht werden. Einige Räuber erreichen dabei

Geschwindigkeiten bis zu 80 km/h, ein Tempo, das nur mit einem schlanken, hydro-dynamisch geformten Körper möglich ist. Von der steil aufgerichteten Schwanzflosse und dem muskulösen Schwanzstiel geht die Hauptantriebskraft aus.

Zu den Schnellschwimmern unter den Räubern am Riff gehören Haie und Makrelen-arten. Ihre Brustflossen sind die Steuerorgane, sie können wie Höhen- und Tiefen-ruder eines Flugzeugs verstellt werden. Ein Nachteil dieser Konstruktion ist aller-dings, daß die Fische durch Flossenverstellungen lediglich kleine Richtungsänderun-gen vornehmen können.

Riffwanderer

Viele Korallenbarsche und Schnapper wandern in großen Gruppen durch das Riff oder schwimmen auf der Suche nach Nahrung unmittelbar an der Riffkante entlang. Taucht ein Feind auf, suchen sie blitzschnell in den Spalten des Riffs Deckung. Ihre Lebensweise verlangt, daß sie einerseits ausdauernde Schwimmer sind, um immer neue Futterquellen zu erschließen, zum anderen müssen sie aber auch plötzlich star-ten können, um den Feinden zu entgehen. Diese Fische sind sehr wendig, ihre Flos-senausrüstung ermöglicht schnelles Schwimmen und plötzliche Beschleunigung.

Manövrierkünstler

Im Dickicht der Korallenäste leben die vielen hochrückigen Fischgestalten, wie die bunten Schmetterlingsfische oder der Halfterfisch (*Zanclus cornutus,* Abb. 104). Die Doktorfische oder Seebader, die darauf spezialisiert sind, in dieser reichstrukturier-ten Umgebung Algen und Kleinlebewesen vom Grund abzuzupfen, sind flach wie ein Diskus. Diese Körperform setzt sie in die Lage, schnelle Wendungen am Ort auszu-führen, und gleichzeitig verhilft sie ihnen, wie der Kiel dem Segelboot, zu einer be-sonders guten Kursstetigkeit.

Diese Fische sind keine ausdauernden Schwimmer. Sie haben große Brustflossen, mit denen sie rudern können, und vergrößerte Rücken- und Afterflossen, die für den An-trieb sorgen. Auf der Flucht bewegen sich viele von ihnen schlängelnd vorwärts, ver-halten sich also wie Fische mit ›Normalform‹. Zusätzliche Hilfsmittel für größere Wendigkeit auf engstem Raum hat die Natur bei den Koffer- und Kugelfischen er-funden. Diese kastenförmigen oder kugelrunden Fischgestalten haben vier Propeller: zwei Brustflossen und je eine Rücken- und Afterflosse, mit denen sie sich sogar auf der Stelle drehen können. Es ist immer ein possierliches Bild, diese Fische auf der Flucht zu beobachten. Sie versuchen krampfhaft, ihr Tempo zu beschleunigen, indem sie heftig mit ihrer runden, weichen Schwanzflosse schlagen, kommen aber doch nicht so recht vom Fleck.

Ein Bewegungsspezialist besonderer Art ist das Seepferdchen. Seine Rücken-, Brust- und Afterflossen sind in verschiedenen Richtungen angeordnet, so daß es sich nach allen Seiten hin bewegen kann, ohne dabei seine Körperachse zu verändern. Gleichsam schwebend nähert es sich seiner Beute, um sie mit der röhrenartigen Schnauze einzusaugen. Schnelles Zustoßen ist den Seepferdchen nicht möglich, weil ihnen – wie den Koffer- und Kugelfischen – ein kräftiger Antrieb fehlt. Deshalb ist ihnen auch die Möglichkeit zu einer schnellen Flucht genommen. Die Natur hat sie jedoch mit einem anderen Schutz versehen – sie tarnen sich vor ihren Feinden und haben zusätzlich eine unverdauliche, gepanzerte Haut.

Blitzstarter

Zackenbarsche (Abb. 107) und Großaugenbarsche (*Priacanthus hamrur*, Abb. 63) lauern in Verstecken auf ihre Beute, die sie durch schnelles Zustoßen überraschen. Auch viele andere bodenbewohnende Räuber haben ähnliche Jagdmethoden entwickelt. Sie benützen für ihren Blitzstart alle verfügbaren Flossen und führen außerdem kräftige schlagende Bewegungen mit dem ganzen Rumpf aus. Sie sind ausgesprochene ›Sprinter‹, und als solche können sie dieses Tempo nicht lange durchhalten. Müssen sie längere Strecken überwinden, wiederholen sie ihr Beschleunigungsmanöver und gleiten dann wieder bewegungslos dahin. Da dieser Blitzstart unter Einsatz aller Flossen eine robuste Muskulatur erfordert, ist die Gestalt dieser Fische meist ziemlich gedrungen und kräftig.

Röhren- und Höhlenbewohner

Immer wieder staune ich, mit welch spielerischer Leichtigkeit Muränen durch engste Spalten und Röhren hindurchschwimmen. Nur ein schlangenartiger Körper kann sich durch so enge Räume hindurchwinden. Muränen bewegen sich mittels eines langen schmalen Flossensaumes vorwärts, sie benutzen aber auch die vielen Hindernisse ihres Wohngebietes zur Fortbewegung. Dabei können sie ihre Bewegungsrichtung beliebig verändern und sich sogar rückwärts verkriechen. Alle abstehenden Flossengebilde hat die Natur bei ihnen weggezüchtet, sie wären bei dieser versteckten Lebensweise nur hinderlich.
Schon aus diesen wenigen Beispielen wird deutlich, wie Gestalt- und Flossenform von Fischen in Anpassung an die Lebensweise und Fortbewegung entstehen. Die Flossen sind übrigens nicht ausschließlich Fortbewegungsorgane – sie können auch andere Aufgaben erfüllen. So dienen sie zum Beispiel als Anlock- und Imponiersignal bei der Balz und als Drohsignal während des Kampfes. Manchmal werden sie auch zu Saugorganen umgebildet wie beim Schiffshalter (*Echeneis*, Abb. 91,93).

Die Gestalt des Rotfeuerfisches

Ein Fisch des Korallenriffs benutzt seine Flossen sogar zum Nahrungsfang. Seine Gestalt ist in Anpassung an seine besondere Lebensweise so bizarr geworden, daß er fast nichts Fischähnliches mehr an sich hat. Es ist der bekannte Rotfeuerfisch (*Pterois,* Abb. 109, 110), der mit seinen zerfransten, flügelartigen Brustflossen zu einem wandelnden, farbenprächtigen, allerdings auch gefährlichen Busch geworden ist. Konrad Lorenz hat sein Verhalten und seine Entstehungsgeschichte untersucht.

Der Rotfeuerfisch gehört in die Reihe der giftigen Skorpionsfische, deren Vertreter meist zum Bodenleben übergegangen sind. Zu diesem Zweck haben sie ihre Schwimmblase, das Schwebe- und Gleichgewichtsorgan der freischwimmenden Fische, zurückgebildet. Die Fische sitzen mit den harten Strahlen ihrer Brustflosse am Grund und warten geduldig, bis ein Fischchen ahnungslos an ihnen vorbeikommt. Da sie recht schlechte Schwimmer sind, haben sie sich für die Beutejagd gut getarnt.

Aus dieser Gruppe von hinterlistigen Räubern, die festsitzend am Boden lauern, ist nun der Rotfeuerfisch wieder freischwimmend geworden. Er hat seine für das Bodenleben entwickelten Spezialisierungen beibehalten, damit auch seine reduzierte Schwimmblase. Um trotzdem im freien Wasser schweben zu können, bildete er seine Brustflossen zu Tragflächen um, die ihm aber gleichzeitig die wichtigste Fähigkeit eines freischwimmenden Fisches nahmen – die schnelle Fortbewegung. Der Rotfeuerfisch ist außerstande, seine Beute zu verfolgen, und auch seinen Feinden wäre er hilflos ausgesetzt, hätte ihn nicht die Natur mit starken Giftstacheln ausgestattet, mit denen er sich bei Gefahr sehr wirkungsvoll zur Wehr setzen kann.

Doch wie kann er als Raubfisch überhaupt Beute machen, wenn er zu den langsamsten Fischen des Korallenriffs gehört? Konrad Lorenz schreibt dazu: › . . . sie tun das auf einzigartige Weise. Sie breiten ihre Vorderextremitäten weit aus und spreizen sie rechtwinklig vom Körper ab und treiben so die Beute mit genau derselben Methode in einen Winkel, mit der unsere technischen Assistentinnen eine Gans oder einen Kranich an einen gewünschten Ort zu treiben pflegen, indem sie nämlich die Vorderextremitäten ausbreiten und jedem Ausbruchsversuch des getriebenen Tieres nach rechts oder links durch eine kompensatorische Bewegung vorbeugen. Dabei rücken sie, wiederum genau wie ein Tiere treibender Mensch, weder so schnell vor wie ein Raubtier, das Beute im offenen Vorstoß zu erhaschen sucht, noch auch so langsam wie eins, das bestrebt ist, unbemerkt anzuschleichen.‹ Rotfeuerfische benutzen dazu ihre zu Tragflächen umgebauten Brustflossen als Treibnetz. Dem in die Enge getriebenen Fisch wird ein Ausweg aus seiner Bedrängnis vorgetäuscht, der sich dann als Falle erweist. In der Nähe des Maules bilden die durch Hautlappen verbreiterten Brustflossen nämlich ein durchsichtiges Fenster, in dessen Richtung die Beute – in der Hoffnung auf Entkommen – flüchtet. Dabei schwimmt sie direkt auf das Maul zu.

Anpassungswettstreit zwischen Jägern und Gejagten

Jedes Tier im Korallenriff muß täglich den Kampf ums Dasein bestehen, in dem es ständig um Leben und Tod geht. Selbst Räuber können für andere Räuber zu einem Beutetier werden. Jedes Lebewesen steht vor dem gleichen Problem: Es muß die tägliche Nahrung beschaffen und gleichzeitig den Angriffen seiner Feinde, die ihm selbst nach dem Leben trachten, entgehen. Für mich ist weniger die Art und Weise interessant, wie ein Räuber seine Beute erledigt, als die Schutzanpassungen, die die Gejagten herausgebildet haben. Räuber und Beute stehen in einem erfindungsreichen Anpassungswettstreit, bei dem die Beute dem Räuber immer knapp voraus sein muß, um überleben zu können. Wo zum Beispiel die Flucht wegen der größeren Schnelligkeit des Räubers sinnlos ist, müssen Schutzanpassungen entwickelt werden.

Eine der wichtigsten Erfindungen, den Feind zu täuschen, ist die Tarnung. Aber auch andere Methoden sind nicht minder erfolgreich: Krabben flüchten bei Gefahr in ihre Höhlen, oder sie graben sich blitzschnell ein. Der Einsiedlerkrebs zieht sich in sein Schneckengehäuse zurück, während die Mördermuschel oder die Zackenauster schon bei der geringsten Störung ihre Schalen schließt.

Die meisten Fische des Riffs flüchten bei Gefahr in Verstecke, die sie genau kennen, denn sie haben ein ausgezeichnetes Ortsgedächtnis. Röhrenaale ziehen sich rückwärts in ihre Röhren im Sand zurück. Flundern und Seezungen wühlen sich ein, während Sandaale mit dem Kopf voraus in den Sand eintauchen. Auch das Schwarmverhalten, das ich noch beschreiben werde, ist eine Feindanpassung.

Die Wirbellosen und ihre Feinde

Die am Boden lebenden wirbellosen Tiere sind durch Freßfeinde – meistens Fische – besonders gefährdet, weil sie nicht die Möglichkeit zu einer schnellen Flucht haben. Schutzanpassungen lassen sich deshalb hier gut beobachten. Ich berichtete davon, daß die giftigen Tentakeln der Seeanemonen von einigen Spezialisten gefressen werden. Die Seeanemone hat deshalb die Fähigkeit entwickelt, sich vor dem Angriff ihrer Feinde durch schnelles Zusammenziehen des Körpers zu schützen. Auch der Korallenpolyp verschwindet in seiner kleinen, kalkigen Wohnung, wenn er berührt wird. Schwämme haben bittere, spitze Skelettelemente in ihrem Körperinneren eingelagert, um den Feinden den Geschmack an der Mahlzeit zu verderben. Aber nicht nur Fische sind Feinde der Wirbellosen, auch die Wirbellosen selbst suchen Beute unter ihresgleichen. So fressen einige Seesterne mit Vorliebe Muscheln. Die Herzmuschel *(Astropecten)* hat gelernt, den Feind zu riechen. Bei ihrer Flucht schließt sie ruckartig mehrmals ihre Schalen und hüpft ihrem Feind über den Boden davon. Die räuberische Harlekinsgarnele *(Hymenocera)* im Indopazifik hat sich darauf spezialisiert, Seesterne zu fressen (Abb. 143–146). Sie wittert ihre Beute mit den fühlerartigen Antennen, kriecht im Duftstrom auf sie zu und stemmt sich mit den großen Scheren gegen den Boden, während sie mit ihren Beinen den Seestern festhält und umkippt. Dann frißt sie mit anderen, pinzettenartigen Scheren zuerst die weichen Füßchen des Seesternes auf und verspeist dann das Körperinnere – mit besonderer Vorliebe die Geschlechtsorgane.

Im Aquarium hat diese Garnele sogar den giftigen Stachelseestern *Acanthaster*, den Feind des Korallenpolypen, geschickt aufs Kreuz gelegt. Leider konnte bisher noch nicht mit Sicherheit nachgewiesen werden, ob sich die Garnele in freier Natur genauso verhält. In diesem Fall könnte sie entscheidend zur Rettung der vom Stachelseestern gefährdeten Korallenriffe beitragen.

Ein Seeigel wird erlegt

Diese Beispiele ließen sich beliebig fortsetzen. Ich will noch eines anführen, das ganz erstaunliche Verhaltensspezialisierungen zeigt: Im Indischen Ozean und auch im Roten Meer stieß ich immer wieder auf verstreut am Boden liegende Stachelüberreste des großen Diadem-Seeigels. Waren diese Seeigel eines natürlichen Todes gestorben oder waren sie Feinden zum Opfer gefallen? Durch Zufall fand ich die Lösung des Rätsels: Ich beobachtete einen großen, blauen Drückerfisch *(Balistes fuscus)*, der sich unentwegt an einer Felsspalte zu schaffen machte, in der sich ein Seeigel versteckt hielt. Der Drückerfisch knabberte die zerbrechlichen, spitzen Stacheln des Seeigels einzeln ab. Dann biß er sehr vorsichtig in einen festeren Stachelstumpf und zog den Seeigel daran aus dem Versteck heraus. Dieser fiel zu Boden und rannte auf seinen Stacheln in Richtung des schützenden Felsens davon. Der Drückerfisch holte ihn jedoch ein; er blies den Seeigel mit einem kräftigen Wasserstrahl, den er mit seinem Maul erzeugte, mehrmals an (Abb. 140–142). Der Seeigel war auf diese plötzliche starke Strömung nicht gefaßt und kippte um. Blitzschnell packte der Fisch zu und biß seine Beute in die Mundseite, wo die Stacheln kürzer sind. Nur noch wenige Augenblicke, und die Schale des Seeigels war durch das kräftige Gebiß des Drückerfisches aufgebrochen. Mit Heißhunger machte sich dann der Fisch über die schmackhaften inneren Organe her.

Andere Methoden der Seeigeljagd

Der kleine Drückerfisch *(Balistapus undulatus)* kann mit seinem viel kleineren Maul keinen Wasserstrahl erzeugen, der kräftig genug wäre, den Seeigel umzuwerfen. Einmal wurde ich Zeuge, wie er einen Seeigel zur Strecke brachte: Er knabberte die Stacheln ab, biß in einen Stachelstumpf hinein und trug jetzt den Seeigel aus seinem Versteck ins freie Wasser hinaus. Dort ließ er ihn fallen. Während der Seeigel langsam zu

Boden trudelte, schoß der Drückerfisch an ihm vorbei zum Grund und biß der herunterschwebenden Beute gezielt in die verletzliche Mundseite. Das Verspeisen der Beute war dann nur eine Frage von Sekunden.

Einmal setzte ich einen von mir gefangenen Seeigel auf freien Sandboden. Es dauerte nicht lange, da kam ein *Cheilinus*-Lippfisch heran und begann, das sich ständig bewegende Stachelbündel zu umkreisen. Die Stacheln folgten abwehrend jeder Bewegung des Fisches. Plötzlich legte sich der Lippfisch seitlich auf den Boden und warf den Seeigel mit einem Kopfstoß um. Dann biß er ihn blitzschnell in die Mundseite und schwamm mit dem riesigen Stachelbündel im Maul schnurstracks davon. Ich folgte dem Fisch, der Kurs auf einen glatten Korallenblock nahm und – ich traute meinen Augen nicht – den Stachelwald durch seitliche Schlagbewegungen mit dem Kopf gegen den Block in viele kleine Stücke zertrümmerte. Staunend sah ich zu, wie er dann die einzelnen Teile des Seeigels samt Stachelresten verschlang.

Bei späteren Beobachtungen entdeckte ich, daß einige dieser Tiere die erbeuteten Seeigel nur an ganz bestimmten Stellen ihres Reviers zerschlugen. Sie benutzen also einen fremden Gegenstand wie ein Werkzeug, um ihre Beute aufzubereiten.

Schutzanpassungen des Seeigels

Für den Taucher im Korallenriff ist es ein gewohntes Bild, daß die Seeigel tagsüber meist in dichten Gruppen zusammensitzen. Sie verklammern sich dabei untereinander mit den Stacheln, um es einem Freßfeind unmöglich zu machen, Tiere aus ihrer Gruppe zu erbeuten. Ist ein Seeigel allein, so hält er sich versteckt und meidet offene Flächen. Nach Möglichkeit umgeht er auch Stellen mit starker Strömung, um nicht den Halt unter den Stacheln zu verlieren. Ich erwähnte schon, daß der Seeigel den Angreifer durch gegen ihn gerichtete Bewegungen der Stacheln abzuwehren versucht. Wann finden die Seeigel bei dieser ganz auf Feindanpassung ausgerichteten Lebensweise Zeit, selber zu fressen? Seeigel weiden die Bodenoberfläche ab; da sie auf Grund der ständigen Gefährdung bei Tage nicht genügend Nahrung zu sich nehmen können, sind sie nachtaktiv geworden. Sie kriechen nach Sonnenuntergang, wenn ihre Feinde schlafen, in Scharen zur Nahrungssuche aus ihren Verstecken heraus: So meiden sie den tagaktiven Räuber.

Ich habe mich oft gefragt, weshalb gerade die Nacht im Korallenriff die große Zeit der wirbellosen Tiere ist. Wo tagsüber nichts zu sehen ist, kriechen plötzlich Seegurken aus dem Sand heraus, Seeanemonen strecken ihre Fangarme ins Wasser, und auch viele andere Stachelhäuter gehen auf nächtliche Wanderschaft. Sicher sind viele von ihnen – wie die Seeigel – durch den starken Feinddruck am Tage gezwungen, ein nächtliches Leben im Riff zu führen. So sind die ›Aktivitätsperioden‹ von Räuber und Beute zeitlich gegeneinander verschoben – eine wirkungsvolle Methode der Gejagten, dem Jäger zu entgehen.

Plankton-Fallen

Das Leben im Meer baut sich in Nahrungsketten auf, an deren
Anfang die mikroskopisch kleinen Planktonteilchen stehen. Sie sind
die Nahrung der verschiedenartigsten Lebewesen, die zu
ihrem Fang raffinierte Methoden entwickelt haben. Auch der größte
Fisch, der Walhai, füllt seinen Magen, indem er mit
weitgeöffnetem Maul planktonseihend durch das Wasser zieht.

116 Planktonfänger. Die hübsche Tentakelkrone der Röhrenwürmer ist eine raffiniert gebaute Planktonfalle.

117 Die Seefedern (Pennatularia) fischen mit ihren Polypen Plankton aus der Wasserströmung.

118 Vielfältig sind die Formen der Schwämme. Sie strudeln Wasser durch Poren in sich hinein und filtern Plankton mit Geißelzellen heraus.

119 Die Anemone (Cerianthus membranaceus) fängt – wie der Korallenpolyp – mit den Nesselzellen ihrer Tentakeln planktonische Beute.

120 Röhrenwürmer bilden mit ihren Tentakelkronen dichte Filterbarrieren.

121 Schlangensterne (Ophiuroidea) können mit ihren langen Armen Plankton aus der Wasserströmung herausfiltrieren.

117

118

119

120

122 Ein noch nicht identifiziertes
Tier, vermutlich eine spezialisierte
Anemone, angelt in der Nacht mit
langen Tentakeln Plankton. Das
Plankton bleibt an den Tentakeln
hängen, der Fangarm zieht sich
zusammen und reicht die Beute
zum Mund weiter.

123 Die Haarsterne (Comatulida)
bilden in der Nacht Filterfächer, die
sie in die Strömung halten, um das
auftreffende Plankton zu fangen.
Die Tiere sitzen tagsüber mit
zusammengerollten Armen an
bestimmten Plätzen.

124 Die Haarsterne (Heterometra
savigny) erklimmen erhöht gelegene
Stellen, hier einen bunten Gorgonenfächer (Lophogorgia), um ihre Arme
zu einem Filter auszubreiten. Auch
der Gorgonenfächer orientiert sich zur
Strömung, um Plankton zu fischen.

126

127

◁ 125 Das Gorgonenhaupt (Astroboa nuda) aus dem Roten Meer ist ein spezialisierter Schlangenstern, der sich auf nächtlichen Planktonfang eingestellt hat. Die Arme sind zu einem riesigen Filterschirm aufgezweigt, der bis zu 150 cm groß werden kann. An den Enden der Arme befinden sich Häkchen, mit denen das Plankton festgehalten wird.

126 Fällt der Strahl einer Unterwasserlampe auf ein filtrierendes Gorgonenhaupt, rollen sich seine Arme spiralig ein. Das Tier wandelt dann, um dem Licht zu entgehen, wie ein lebender Busch über das Riff.

127 Tagsüber sitzen die Gorgonenhäupter, hier Astrophyton muricatum, zusammengerollt in ihren felsigen Verstecken oder verharren auf Korallen. Als ortstreue Tiere verlassen sie ihre angestammten Plätze nicht.

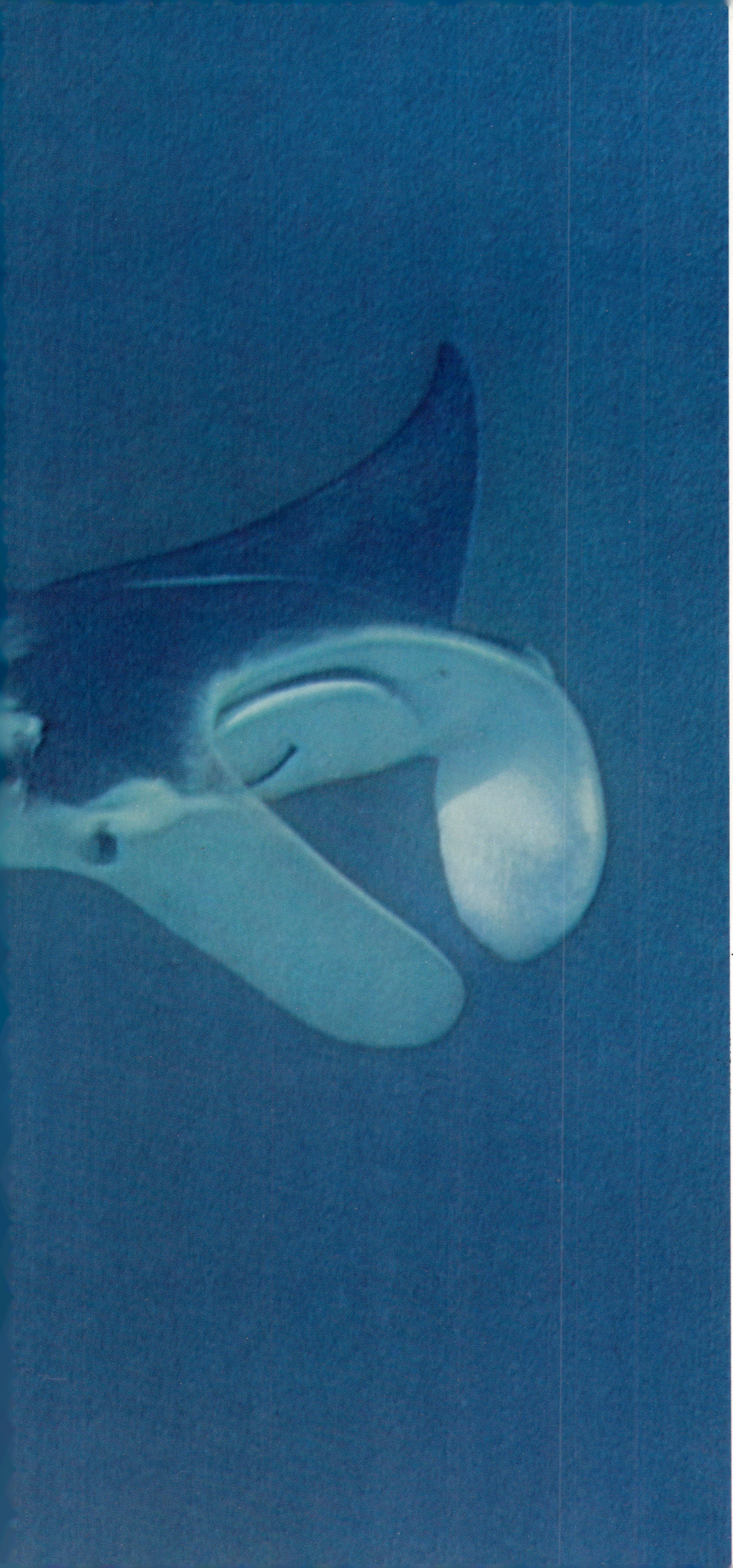

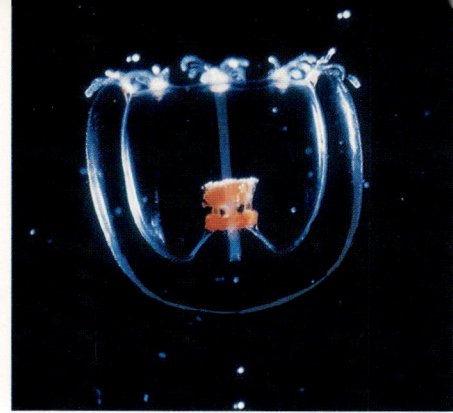

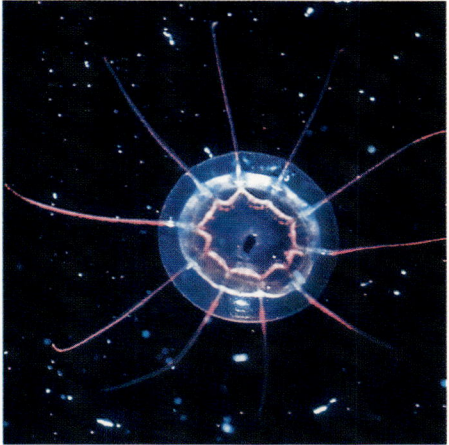

129–131

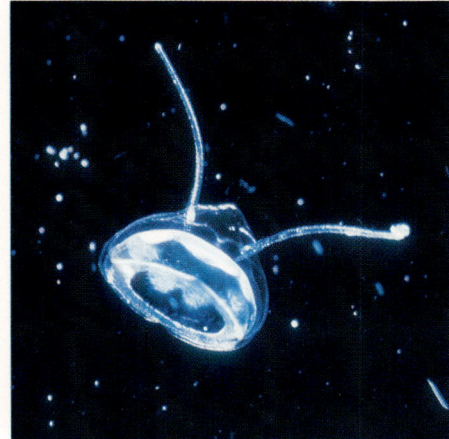

◁ 128 Ein 4 m breiter Mantarochen
(Manta birostris) zieht vor dem
Barriere-Riff mit weitgeöffnetem Maul
planktonseihend durch das Wasser.

129–131 Das Meeresplankton besteht
aus winzigen Pflanzen und Tieren.
Die Mikroaufnahmen zeigen glashelle
Hydrozoenmedusen, die mit
pulsierender Bewegung ihrer Schirme
zusammen mit anderen planktonischen
Bestandteilen dahinschweben.

132 Selbst der Walhai (Rhincodon
typus), der größte Fisch der Meere,
ernährt sich von Plankton. Sein bis zu
2 m breites Maul ist ein riesiges
Planktonsieb, in das auch kleinere
Fische hineingeraten können.

133 Makrelen (Sarda sp.) schwimmen
mit kastenförmig aufgesperrten
Mäulern planktonseihend durch
das Riff.

Plankton, Grundlage des Lebens im Meer

Im Korallenriff hat die Entfaltung der Tier- und Pflanzenwelt ein verschwenderisches Ausmaß angenommen. Wozu aber dient dieser Aufwand, wenn jedes Lebewesen doch nur dazu verurteilt ist, von einem anderen gefressen zu werden? Pflanzen und Tiere sind in den ewigen Kreislauf des Energie- und Mineralstoffwechsels verwickelt, sie sind Glieder der hierarchisch aufgebauten Nahrungsketten.

Die breite Basis dieser Ketten bilden die Massen der mikroskopisch kleinen Tiere und Pflanzen. Diese mit bloßem Auge kaum erkennbaren planktonischen Wesen können bis zu Tausenden einen Tropfen Seewasser bevölkern und werden in der Stufenleiter der verzwickten Nahrungsketten von etwas größeren Tieren gefressen. Nach oben, zur Spitze der Pyramide, nimmt die Zahl der Fresser beständig ab, während die Körpergröße zunimmt. Am Ende der Kette stehen die Riesen des Meeres, deren Dasein ohne die Existenz aller kleineren Arten nicht möglich wäre.

In den tropischen Meeren ist das Leben der Tierwelt – wie auch an Land – ohne Pflanzen nicht denkbar, denn nur diese sind fähig, die Sonnenenergie zur Herstellung von Zucker, Stärke und Eiweiß auszunutzen. Die Meerespflanzen dürfen wir uns jedoch nicht wie Pflanzen mit Wurzeln, Ästen, Blüten und Blättern vorstellen. Die Mehrzahl der Meerespflanzen besteht aus nur staubkorngroßen, einzelligen Organismen, den Algen. Die Kieselalgen machen unter ihnen den größten Teil aus. Sie sind in kristallenen Gehäusen eingeschlossen, die aus den gelösten Mineralien des Meerwassers bestehen. In den manchmal grotesken Formen dieser Gehäuse läßt die Natur ihrer Phantasie unbegrenzten Lauf. Die Algen bilden die Grundnahrung für das mit ihnen dahintreibende tierische Plankton, das aus den verschiedensten Lebewesen besteht. Fast alle Stämme des Tierreiches sind hier vertreten. Winzige Quallen, Larven von Schwämmen, Moostierchen, Hydrozoen, Korallen, Stachelhäutern, Schnecken, Muscheln, Vielborster und kleine räuberische Pfeilwürmer, die Jagd auf Krebstiere machen, sie alle gehören zu dieser Planktonsuppe. Schließlich gehören dazu noch die Fischlarven, von denen ich bereits berichtete. Besonders zahlreich im Plankton vertreten sind die Ruderfußkrebse (*Copepoden*), die für die Ernährung vieler Riffbewohner größte Bedeutung haben. Die Existenz aller Planktontiere stünde auf dem Spiel, gäbe es nicht die mit ihnen schwebenden Algen.

So vielgestaltig wie das Plankton selbst sind auch die Fallen, die größere Tiere ›erfunden‹ haben, um sich an der Planktonsuppe zu laben. Auch abgesunkene, am Boden liegende ›Planktonleichen‹, der sogenannte Detritus, wird von vielen gefressen und aufbereitet. Die Planktonfänger haben die unterschiedlichsten Methoden entwickelt und sich im Verhalten und Körperbau ihrem besonderen Nahrungserwerb angepaßt. Oft brauchen sich die Tiere gar nicht mehr zu bewegen: Sie nehmen das mit der Strömung dahintreibende Plankton auf oder fangen die langsam absinkenden Bestandteile. Viele sitzen deshalb fest am Boden verankert und sind äußerlich so pflanzenähnlich, daß man in ihnen keine Tiere vermutet.

Giftige Fangarme

Einer Planktonfalle begegnen wir überall im Riff: Es sind die nesselnden, giftigen Fangarme verschiedener Tiere. Sie schießen das Plankton mit kleinen Wurfspießen, die aus einer besonderen Zelle herausgeschleudert werden, ab und halten es fest. Diese Vielzweckeinrichtung kann auch zur Verteidigung eingesetzt werden. Nesselnde Fangarme haben wir bereits beim Korallenpolypen kennengelernt. Sie werden auch von Seeanemonen benutzt, die vom Boden aus ihre Tentakeln ins Wasser hinausstrecken (Abb. 119, 122), und von den Medusen. Überhaupt ist diese Art Planktonfang ein Vorrecht der Hohl- oder auch Nesseltiere. Besonders eindrucksvoll sind die Fangarme der Medusen, die mitunter wie riesige Vorhänge frei im Wasser schweben (Abb. 112). Die Berührung der Fangarme kann auch für den Taucher gefährlich werden. Das Gift der Medusen *Chironex* und *Chiropsalmus* ist unter Umständen sogar tödlich. Gefürchtet wird das Nesselgift der nur wenige Zentimeter großen Seewespe, einer Meduse, die am Barriere-Riff vorkommt. Berichten zufolge tritt bei Berührung mit dieser Qualle der Tod nach 30 Sekunden bis 3 Stunden ein. Auch die Berührung mit den Fangarmen der Staatsqualle *Physalia,* auch Portugiesische Galeere genannt, soll Menschen getötet haben (Abb. 115). Ich kam nur einmal aus Versehen mit meiner rechten Hand leicht an den Fangarm eines Tieres: Ein stechend brennender Schmerz durchzog die Hand, und sofort zeichneten sich die Berührungsstellen der Tentakel als rote Streifen auf der Haut ab. Erst nach einigen Stunden ließ der Schmerz wieder nach. Die Staatsqualle besteht aus vielen Polypen, die sich untereinander die Arbeit teilen. Die bis zu 50 m langen Fangarme gehören zu spezialisierten Polypen, die nur auf das Erbeuten von Nahrung eingestellt sind. Regelmäßig ziehen sich die Fangarme spiralig zusammen und bilden kleine Knäuel, so daß die Beute jetzt mit jenen Polypen in Berührung kommen kann, die sich nur mit der Aufbereitung der Nahrung beschäftigen. Die Arbeitsteilung unter den Polypen hat der Staatsqualle ihren Namen eingebracht. Trotz der ungeheuren Giftigkeit suchen einige Fische zwischen den Tentakeln Schutz. Es sind die *Nomeus*-Fische, denen das Gift anscheinend nichts ausmacht. Eine Wasserschildkröte frißt sogar die Portugiesische Galeere samt Tentakeln auf. Ein anderes Phänomen wurde von Jones entdeckt. Junge Kraken der Art *Tremoctopus violaceus* sammeln Teile der Tentakeln auf und benutzen sie als Verteidigungs- und Angriffswaffen.

Strudler

Vielfältig ist im Riff auch die Formenfülle der Schwammtiere (Abb. 42, 118). Sie überziehen in teppichartigen, farbenprächtigen Schichten abgestorbene Korallen oder stehen als merkwürdige, trompetenförmige Gebilde am Boden. Einige sind filigranartig wie eine Koralle gestaltet. Betrachtet man all diese verschieden geformten Gebilde genauer, sieht man unzählige kleine Poren, die die Oberfläche überziehen. Die Schwammtiere saugen durch diese Poren Wasser an. Ihr Körperinneres ist in viele Kammern gegliedert. An den Wänden befinden sich Geißelzellen, die das Wasser in den Hohlräumen in Bewegung halten und die Nahrungspartikeln herausfangen. So strudeln die Schwämme unentwegt Nahrung in sich hinein und stoßen das abgeseihte Wasser wieder nach außen. In flachen Buchten kann das Oberflächenwasser durch die strudelnde Tätigkeit der Schwämme in brodelnde Bewegung geraten.

Andere Organismen, wie die festsitzenden Meeresringelwürmer, entfalten farbenprächtige Tentakelkronen, die mit zahlreichen Wimpern besetzt sind (Abb. 116, 120). Die Tentakeln bilden einen Trichter, der zum Mund der Tiere führt. Die Wimpern strudeln Wasser in den Trichter; über besondere Transportrinnen wird die ausgeseihte Nahrung dann zum Mund befördert.

Einige Arten können ihren Tentakelkranz langsam drehen. Diese graziös wirkende Bewegung hat mich manchmal dazu verleitet, dicht an die Tiere heranzuschwimmen, doch nur selten gelang es mir, die Tentakelkronen aus allernächster Nähe zu bewundern. Bei plötzlich auftauchenden Schatten und unerwarteten Erschütterungen ziehen sie sich ruckartig zusammen; zurück bleibt eine unansehnliche Röhre, die den Tieren zu ihrem anderen Namen verholfen hat – sie heißen auch Röhrenwürmer. Während die Strudler beim Nahrungsfang selbst für die Wasserbewegung sorgen, gibt es auch Tiere, die ihre Filtrierschirme oder Filterkämme lediglich in die Wasserströmung strecken und das auftreffende Plankton festhalten.

Strömungsfiltrierer

Vor dem Korallenriff der kleinen Insel Nosy Iranja bei Madagaskar fielen mir auf einer Sandfläche Tausende, nur 5–7 cm lange Arme auf, die sich steif nach oben reckten. Als ich so einen Arm zu greifen versuchte, verschwand er blitzschnell in einer unterirdischen Röhre. Die Arme – sie können bis zu 40 cm lang werden – gehören zu einer noch unbekannten Art des Schlangensterns *Amphioplus*. Nur mit den Armspitzen filtrierte dieses Tier aufgewirbelten Detritus, der hier durch Strömung von der Bodenoberfläche abgehoben wurde. Aus den Armen der Tiere stülpen sich kleine Füße: Sie stehen dicht beieinander und bilden so einen Filterkamm. Trifft ein Nahrungspartikel auf, wird es mit Hilfe der Füßchen in Richtung der Röhre transportiert, wo es langsam verschwindet.

Filtrierender Nahrungserwerb wurde schon bei anderen Schlangensternen beobachtet. Eine Schlangensterngruppe hat ihre Arme tausendfach in Äste und kleinste Zweige aufgespalten und gleicht einem zarten Farnkraut. Dieser Schlangenstern wird in Anlehnung an die vielköpfige griechische Schreckgestalt Gorgo als Gorgonenhaupt bezeichnet (Abb. 125–127).

Als ich eines Nachts zum erstenmal einem Gorgonenhaupt begegnete, ahnte ich nicht, daß es sich um ein Tier handelte. Erst als ich mit meiner Unterwasserlampe die verzweigten Arme voll anstrahlte, kam plötzlich Bewegung hinein (Abb. 126). Spiralig rollten sich die einzelnen Verästelungen der Arme zusammen, und behende kroch der ganze Körper wie ein lebender Busch über das Riff hinweg. Diese Beobachtung faszinierte mich so, daß ich beschloß, die Lebensweise dieser Tiere genauer zu studieren. Tagsüber sitzen die Gorgonenhäupter in dunklen Verstecken und gehen mit der Genauigkeit einer Uhr erst bei Sonnenuntergang auf Wanderschaft (Abb. 127). Sie suchen sich einen erhöht gelegenen Standort und entfalten ihre Arme zu einem prächtigen Filtrierfächer. Alle Arme zusammen bilden einen fast kreisrunden Schirm, der einem großen Radarschirm ähnelt. Die Öffnung des Schirmes weist immer in Strömungsrichtung. Auftreffende Planktonteilchen werden mit spitzen Häkchen festgeklammert und so lange gehalten, bis sich der Arm einrollt und zum Mund vorbeugt, wo die Nahrung abgestreift wird. Kurz vor Sonnenaufgang faltet sich der Filtrierschirm wieder zusammen, und das Gorgonenhaupt kriecht zu seinem Schlupfwinkel zurück. Um die Tiere auseinanderhalten zu können, versuchte ich, einige mit Leukoplaststreifen zu markieren. Da die Streifen von den Tieren aber stets selbst entfernt wurden, half ich mir dadurch, daß ich kleine Armstücke amputierte, um eine Unterscheidungsmöglichkeit zu haben. Nun konnte ich feststellen, daß die Gorgonenhäupter ortstreu sind und sowohl ihren erhöht gelegenen Filtrierplatz als auch ihr Heim monatelang beibehalten. Welche Mechanismen ihr erstaunliches Heimfindevermögen bewirken, konnte ich noch nicht herausfinden. In der Nacht kriechen auch die bunten Haarsterne *(Crinoiden)* aus ihren Verstecken heraus und stellen ihre Arme ebenfalls zu Filterfächern auf (Abb. 123, 124). Manchmal stehen sie in Massen dicht nebeneinander und bilden eine einzige große Filtrierbarriere.

Den Nahrungsfang dieser Tiere hat Magnus in mühevoller Kleinarbeit untersucht. Die Nahrungspartikeln bleiben an den Armen der Haarsterne hängen und werden auf einer Wimperrinne zum Mund transportiert. Doch längst nicht jedes Planktonteilchen kommt dem Haarstern selbst zugute: Der Fisch *Lepadogaster* hat sich darauf spezialisiert, dem Haarstern die eingefangene Nahrung zu stehlen! In der Nacht können wir im Riff noch viele passive Strömungsfiltrierer entdecken, wie etwa die Seefedern, die filtrierende ›Blättchen‹ in die Strömung halten. Vermutlich ist die nächtliche Lebensweise dieser Tiere eine Anpassung an den bei Nacht größeren Planktonreichtum über dem Riff.

Leimrutenfänger

Nicht nur Filtrierschirme und Filterkämme werden von nächtlichen Lebewesen zum Planktonfang ins Wasser gestreckt, einige haben eine ganz ausgefallene, besonders heimtückische Methode gefunden, ihre Beute zu fangen. Bei einem Nachttauchabstieg im Golf von Akaba im Roten Meer entdeckte ich einmal feine, weißgefiederte Fangarme, die von einer Koralle *(Sarcophyton)* ausgingen. Die Fangarme streckten sich in einer kontinuierlichen Bewegung etwa anderthalb Meter weit in das Wasser hinaus und zogen sich dann wieder rhythmisch zusammen. Durch den Schein meiner Lampe wurden Tausende von Planktonpartikeln angelockt, die eine dichte Wolke vor mir bildeten und schließlich an den Fangarmen hängenblieben. Erst nach einigen Tagen löste sich das Rätsel. Ich hatte eine bisher noch unbekannte Art einer kriechenden Rippenqualle *(Coeloplana)* entdeckt, die unter dem Schirm der weichen Sarcophyton-Koralle lebt. Später fand ich vor der madagassischen Küste auf der Banc d'Entrée drei weitere Arten, die ebenfalls in der Nacht dem Planktonfang nachgehen. Die Tentakeln quellen aus einer engen Tasche heraus und werden dann von der Strömung ausgestreckt. Auf den Tentakeln sitzen Klebzellen, die das auftreffende Plankton festhalten – etwa so, wie auch eine Fliege auf einem klebrigen Fliegenfänger hängenbleibt.

An einer Stelle des Riffs waren die kriechenden Rippenquallen eng aneinandergekrochen, so daß ihre Tentakeln einen dichten Vorhang bildeten. Darin verfing sich ein etwa 10 cm langer Fisch, den ich durch mein Licht aufgeschreckt hatte. Er wurde von den klebrigen Fangarmen immer mehr eingewickelt, je stärker er sich bewegte. Die Mühe der Rippenquallen war jedoch umsonst, denn mit einer so großen Beute können sie nichts anfangen – sie sind nur auf mikroskopisch kleine Beute eingestellt. Das gefangene Plankton streifen sie an den Tentakeltaschen ab, wo es durch Wimperschlag zum Mund weitergereicht wird.

Die frei schwimmenden Verwandten der Coeloplana, die echten Kammquallen *(Ctenophora)*, sind glashelle, fragile Gebilde, die sich durch den Schlag von Wimperkämmen durch das Wasser treiben lassen. Sie schwimmen mit dem Plankton und fischen ihre Beute, wie Ruderfußkrebse, Pfeilwürmer, Flügelschnecken und zahlreiche Larven anderer mariner Tiere, aus ihrer Umgebung. Die auf den Fangarmen festgeklebte Beute wird dann später am Mund abgelutscht.

Plankton-Schnäpper

Größere Planktonlebewesen, besonders die Ruderfußkrebse, sind beliebte Nahrung vieler Fische, die ihnen über dem Riff im freien Wasser nachjagen: Wenn sie plötzlich steil nach oben schießen und mit dem Maul eine Schnappbewegung ausführen, kann man erkennen, daß sie gerade etwas gefressen haben. Viele Korallenbarsche stehen in dichten Schwärmen über dem Riff. Bei ihrer Jagd auf Plankton bewegen sie sich wie in einem anmutigen Tanz – spielerisch wippen die bunten, schillernden Leiber auf und ab. Das friedliche Bild täuscht darüber hinweg, daß die Fische täglich ununterbrochen auf Jagd sein müssen, um ihren Magen mit der winzigen Beute zu füllen. Andere Planktonfischer hatten wir bereits als Bewohner der Sandzonen kennengelernt – die in Kolonien lebenden Röhrenaale (Abb. 44). Diese Tiere kommen nur an

Hängen aus Sand oder Schlick vor, die in der Strömung liegen. Über 200 Stunden habe ich im Roten Meer die Art *Gorgasia sillneri* beobachtet, um die für Wirbeltiere einmalige Lebensweise dieser halb festsitzenden Tiere zu studieren. Die dünnen, schlangenartigen Körper wiegen sich sacht in der Strömung, während die Köpfe der Tiere beim Zuschnappen leichte Nickbewegungen ausführen. Einmal trieben Tausende Flügelschnecken *(Pteropoden)* an meinem Beobachtungsplatz vorbei. Die Aale schnappten eifrig nach dieser schmackhaften Beute. Jede Flügelschnecke wurde vor dem Zubeißen einzeln anvisiert. Hatten die Aale Pech und trieb die Beute an ihnen vorbei, dann reckten sie sich aus ihren Röhren heraus und folgten den kleinen Schnekken so weit wie möglich, ohne jedoch ihre Behausung ganz zu verlassen. Manchmal blieben nur 10 cm des Hinterkörpers des fast einen Meter langen Aales in der Röhre zurück. Die Tiere halten sich dabei mit aufgestellter Rückenflosse an den Innenwänden der Röhre fest.

Die Röhrenaale haben je nach Strömung und Nahrungsangebot bestimmte Freßzeiten. Kurz vor Sonnenaufgang tauchen sie mit dem Kopf aus ihren unterirdischen Behausungen auf und fressen besonders intensiv. Am späten Vormittag ist ihre erste Mahlzeit beendet. Sie verschwinden wieder unter dem Sand, um dann noch einmal am späten Nachmittag zu erscheinen. Bei Vollmond sind die Tiere tagsüber nicht so aktiv. Ob sie bei hellem Mondschein auch in der Nacht fressen, ist durch Beobachtungen noch nicht nachgewiesen.

Die Lebensweise in halb festsitzenden Kolonien konnte vermutlich nur entwickelt werden, weil sich die Tiere in einem dauernd herbeiströmenden Nahrungsbrei befinden. Ohne großen Bewegungsaufwand erhaschen sie die in ihrer unmittelbaren Umgebung vorbeitreibende Beute. Das hat vermutlich zu jener exklusiven Lebensweise geführt, die unter Wirbeltieren einmalig ist.

Riesige Planktonsiebe

Es scheint paradox, daß ausgerechnet die Riesen der tropischen Meere (und der Nordmeere) Planktonfresser sind. Weniger wählerisch als etwa die Röhrenaale, die vor dem Zuschnappen ihre Beute erst anvisieren und dann fressen, schwimmen die Planktonseiher einfach mit weit geöffnetem Maul durch das Wasser und überlassen es dem Zufall, was dort alles hineintreibt. Das vom Plankton befreite, abgesiebte Wasser tritt an den Kiemenspalten wieder nach außen. Bei den Walhaien ist das Maul über zwei Meter breit (Abb. 132). Steward Springer vom US-Fish and Wildlife-Service stieß bei einer Fahrt mit dem Forschungsschiff Oregon an einem Spätnachmittag im Mai 1953 auf eine Massenansammlung von Krebslarven im Golf von Mexiko, die von mehreren Walhaien verfolgt wurde. Die Walhaie hoben ihren mächtigen Kopf fast einen halben Meter in die Luft, tauchten dann in Abständen von 15–20 Sekunden in das Meer ein und saugten gleichzeitig Wasser an. Springer konnte deutlich beobachten, wie dabei kleine Fische, unter ihnen auch Thunfische, in den Sog des Wasserstromes gerieten und verschluckt wurden.

Mehrmals bin ich Walhaien im Indischen Ozean begegnet. Wenn ich neben den gigantischen Körpern schwamm oder mich an der übermannsgroßen Schwanzflosse festhielt, um einen wunderbaren Ritt durch den Ozean zu machen, überlegte ich, welche Unmengen an Nahrung diese Tiere täglich aufnehmen müssen, um satt zu werden. Berrill berechnete einmal für den im Nordmeer meist von Fischen lebenden Buckelwal (ein Säugetier!), daß er etwa 5000 Heringe für eine Mahlzeit benötigt. Jeder Hering hat vielleicht sechs- oder siebentausend Ruderfußkrebse im Magen. Wenn man dann noch berücksichtigt, wie viele Algen jeder Krebs gefressen haben muß, um satt zu werden, so kann man sich vorstellen, daß eine Mahlzeit des Wales astronomischen Summen von Algen das Leben kostete.

Auch die großen Manta- oder Teufelsrochen sind Planktonseiher (Abb. 128). Sie schwimmen mit weit geöffnetem Maul meist an steilen Riffabhängen entlang. Wie Sendboten eines anderen Erdzeitalters sehen sie aus, und oft habe ich mich beim Anblick der mächtigen Tiere gefragt, wie sich diese Urweltriesen bis in unsere Zeit halten konnten.

Aber nicht nur die Giganten der Fischwelt seihen Plankton. Im Roten Meer sah ich meist gegen Abend Schwärme von nur etwa 20 cm großen Makrelen *(Sarda sp.)*, die vor der Riffkante geschlossen auf und ab patrouillierten, ihre Mäuler weit aufgesperrt (Abb. 133). Die Strahlen der untergehenden Sonne spiegelten sich an ihren glänzenden Kiemendeckeln. Näherte sich mir der Schwarm einmal von vorn, konnte ich direkt in die Schlünde der aufgesperrten Mäuler hineinsehen. Anders als ihre meist räuberischen Verwandten ernähren sich diese Tiere vom Meeresplankton und entgehen durch Ausnutzen dieser Nahrungsquelle dem Konkurrenzkampf mit anderen Arten.

Schwarmverhalten Räuber der See

Durch das Schwimmen im Schwarm schützen sich die Fische vor Feinden. Der Raubfisch wird durch die Vielzahl der Fischleiber verwirrt, er kann nur vom Schwarm abgesprengte Fische erbeuten. Daß Raubfische ihren schlechten Ruf gar nicht verdienen, zeigt der Autor am Beispiel des Hais. Nicht blindwütige Ausrottungsversuche schützen vor Haien, allein die Beobachtung ihres Verhaltens kann wirksame Schutzmaßnahmen entwickeln helfen.

135

136

137

134 Schwarmverhalten ist eine
Schutzanpassung gegen den Freßfeind.
Der Räuber kann unmöglich einen
einzelnen Fisch vor dem Zubeißen
fixieren, weil immer neue Beutefische
in sein Blickfeld geraten und
ihn verwirren.

135–137 Vor dem Riff schwimmt ein
Rhabdamia-Schwarm (135). Ein
auftauchender Räuber (Aethaloperca
rogaa) wird von den Schwarmfischen
in eine Vakuole eingeschlossen (136).
Der Räuber kann nicht zubeißen, er
verläßt den Schwarm und schwimmt
zum Riff zurück (137).

138 Schwarmfische (Haemulon
sciurus) reagieren auf den Artgenossen
mit Zuwendung. Die Schwarmmit-
glieder erkennen sich an arttypischen
Mustern. Ein angeborener Schwarmtrieb hält den Verband zusammen.

138

140

142

141

139 Räuber und Gejagte. Die großen
Diadem-Seeigel (Diadema setosum)
halten sich tagsüber versteckt oder
sitzen in dichten Gruppen
zusammen, wobei sie sich mit den
Stacheln ineinander verklemmen –
eine Schutzanpassung gegen den
Feind. Erst in der Nacht, wenn ihre
Feinde schlafen, gehen die Seeigel
auf Nahrungssuche.

140–142 Einige Spezialisten unter
den Fischen machen Jagd auf Seeigel.
Hier bläst ein großer Drückerfisch
(Balistes fuscus) mit seinem Maul
einen starken Wasserstrahl auf seine
Beute (140). Der Seeigel verliert den
Halt und kippt um, seine verletzliche
Mundseite wird frei. Hier sind die
Stacheln kürzer, so daß der Drückerfisch mit seinen kräftigen Zähnen
den Körper des Seeigels aufbeißen
kann (141). In kürzester Zeit wird
das Körperinnere aufgefressen (142).
Nur die Stacheln bleiben als Reste
am Boden liegen.

143–146 Die kleine Harlekingarnele (Hymenocera picta) bewohnt schattige Verstecke in den seichten Zonen indopazifischer Korallenriffe. Mit ihren fahnenförmig verbreiterten Antennen führt sie Schwenk-bewegungen aus, um ihre Beute – bevorzugt Seesterne – geruchlich aufzuspüren. Im ›Duftstrom‹ läuft sie ihr entgegen. Dann setzt sie sich auf den Seestern und stemmt, den Kopf nach unten haltend, mit ihren Scheren seinen Arm hoch (143, 144). Die Beute wird umgekippt und auf den Rücken gelegt (145, 146). Jetzt treten die kleinen Freßscheren in Aktion: Sie schneiden tiefe Wunden in das langsam erschlaffende Opfer. Die Garnele frißt vor allem die Geschlechtsorgane (Gonaden). Aquariumsversuche in Seewiesen ergaben, daß diese Garnele auch den gefährlichen Dornenkronenseestern anfällt. Ob sie sich zur Bekämpfung dieses Schädlings am Riff eignet, muß sich noch erweisen. (Vgl. Abb. 12–14.)

144

145

146

148

◁147 Ein seltener Schnappschuß. Zwei
große Räuber, ein Marderhai
(Triaenodon obesus) und eine
große Makrele (Caranx sansun) jagen
vor der Riffkante. Beide haben das
gleiche Revier. Ihre Beute sind Fische,
die sie durch Überraschungsangriffe
erlegen. Der Marderhai lebt meist in
Bodennähe vor dem Riff. Zur Jagd
schwimmt er an den Steilabfall.
Die pfeilschnelle Makrele patrouilliert
ständig vor der Riffkante und jagt vor
allem einzeln schwimmende Fische.

148 Der große Barrakuda (Sphyraena
barracuda) oder Pfeilhecht ist ein
besonders gefürchteter Räuber.
Barrakudas schwimmen als Jungtiere
im Schwarm, als Erwachsene werden
sie zu Einzelgängern und siedeln auf
das Riff über. Angriffe dieses Räubers
auf den Menschen werden durch
zappelnde Bewegungen oder durch
auffällige, glitzernde Gegenstände ausgelöst. Im Gegensatz zum Hai beißt
der Barrakuda nur einmal in sein Opfer
und reißt große Fleischstücke heraus.

149 Die Haie der Hochsee müssen
unablässig unterwegs sein, um
genügend Beute zu machen, denn ihr
Lebensraum ist nur dünn besiedelt.
Haie jagen vor allem kranke und
schwächliche Tiere. Dadurch betreiben
sie eine natürliche Auslese unter
ihrer Beute. Hier wird gerade ein
verletzter Tümmler (Tursiops
truncatus) vom Blauhai (Prionace
glauca) angefallen und gefressen.

150 An der Kante tiefer Korallenriffe,
wie hier am Abbruch des Kontinental-
schelfs von Madagaskar, hat der
gefährliche Weißrandhai (Carcharhinus
albimarginatus) sein Revier.

Schwarmbildung als Schutzanpassung

Bei meinen Fischbeobachtungen im Riff fällt mir immer wieder auf, daß zahlreiche Arten mit Vorliebe als eigenbrötlerische, ungesellige Einzelgänger umherziehen, während andere es vorziehen, als Paar zu schwimmen. Wiederum andere leben in geselligen kleinen Gruppen oder auch in riesigen Schwärmen, die den Eindruck eines einzigen, gewaltigen Organismus machen.

Was hält diese Schwärme, die mitunter aus Tausenden von Tieren bestehen, zusammen? Als gut erzogener Darwinist möchte man außerdem gern wissen, welchen arterhaltenden Wert, welchen Anpassungswert solche Schwarmbildungen haben.

Beobachtet man im Korallenriff einen großen Schwarm der wehrlosen Sprotten, wird man schon vom bloßen Hinschauen nervös. Dauernd zieht sich der Schwarm unruhig auseinander. Schwimmt ein Fisch aus irgendwelchen Gründen in eine neue Richtung, folgt ein Teil der Meute nach. Der Sprottenschwarm ist auseinandergerissen, und die in der Mitte Verbliebenen wissen für den Augenblick nicht, wohin. Zögernd wenden sie sich der einen Schwarmhälfte zu, um dann aber festzustellen, daß eigentlich die andere attraktiver ist. Schnell schwimmen sie zurück. In der Zwischenzeit haben sich die beiden Köpfe der Schwarmhälften schon wieder vereinigt. Einen Augenblick später verläßt schon wieder ein anderer am entgegengesetzten Ende des Schwarmes die Marschroute, um einen Leckerbissen, eine kleine, gerade vorbeitreibende Schnecke, zu verspeisen. Die Nachbarn des Fisches folgen blind.

So geht es tagaus, tagein. Ein unruhiges, oft unmotiviert erscheinendes Hin und Her. Und doch, sage ich mir, muß die Natur den Zusammenhalt des Schwarmes herausgezüchtet haben. Bei der ersten Begegnung hatte mich die ewige Unentschlossenheit der Sprotten gereizt, den Schwarm mit Gewalt auseinanderzutreiben. Ich spielte Feind und schwamm wie ein Wilder in die quirligen, silbrig getarnten Fischleiber hinein. Ein kurzer Ruck ging durch den Schwarmkörper, die Mitglieder schlossen sich enger zusammen und bildeten eine Halbkugel um mich herum, aus der es kein Entweichen gegeben hätte, wären die Fische angriffslustige Räuber gewesen. Ich saß im Zentrum eines Planetariums, das sich veränderte, sobald ich, Mittelpunkt dieser kleinen Welt, eine geringfügige Bewegung machte. Ich hatte nicht die geringste Chance, auch nur den Schwanz eines Fisches zu erwischen.

Feind in Sicht

Ein Tauchgerät auf dem Rücken, meine Unterwasserschreibtafel vor mir, sitze ich in 16 m Tiefe auf einem Korallenblock und zähle die Angriffe, die ein von mir markierter Korallenbarsch gegen andere Artgenossen richtet. Es sind etwa achtzig *Dascyllus trimaculatus,* die über mir im freien Wasser einen lockeren Schwarm bilden und Plankton fressen. Ab und zu schießen sie steil nach oben, weil sie dort etwas Freßbares gesehen haben. Plötzlich zieht sich der ganze Schwarm ruckartig zusammen und flüchtet geschlossen zu einer Koralle. Sessie taucht auf, ein großer ortstreuer Barrakuda, den ich schon seit einigen Jahren kenne. Er lauert hier auf Beute.

Spätnachmittags an einer steilen Riffkante: Die Sonnenstrahlen fallen schräg ein und beleuchten die rötlichen Körper der *Anthias*-Barsche, die zu Tausenden die Riffkante bevölkern. Sie stehen zwei bis drei Meter vom Riff entfernt und fressen Plankton. Manchmal schießen die Männchen aus dem Schwarm heraus und führen einen auffälligen Signalsprung aus. Die Anthiasse sind sehr lebhafte Fische, die wie eine riesige, brodelnde Wolke in ständiger Wallung das Riff überziehen. Wie auf Kommando sind sie jedoch plötzlich verschwunden. Drei große Makrelen schießen vorbei.

Am Kontinentalschelfabbruch vor der Küste Madagaskars: an der Abbruchkante ein flaches, sterbendes Riffplateau in 40 m Tiefe. Tausende von *Lutianus*-Schnappern ziehen in geordneter Formation über das Riff. Sie grasen den Algenbewuchs der sterbenden Korallen ab. Ein friedliches, harmonisches Bild, keine kämpferische Auseinandersetzung unter den Tieren. Da geht ein Zucken durch die Schwarmmasse, und die Schnapper verharren in dichter Formation am Grund – zweifellos eine Alarmreaktion! Ich drehe mich um und entdecke einen großen Hai der Art *Carcharhinus albimarginatus,* der langsam an der Abbruchkante aufwärts schwimmt.

Drei Beobachtungen aus verschiedenen Lebensräumen des Korallenriffs: Im freien, deckungslosen Wasser die Sprotten, die ihren Feind einkreisen, die Anthias-Barsche an der Riffkante, in deren Spalten sie bei Gefahr gemeinsam Zuflucht suchen, und das Heer der Lutianus-Schnapper, die am Boden eine dichte Formation bilden, weil das flache, sterbende Korallenriff nicht genügend Deckung bietet.

Kennzeichnend für alle drei Beispiele ist die geschlossene Reaktion des Schwarmes gegenüber seinem Feind. Schwarmverhalten könnte somit Feindanpassung sein. Aber wie ist das Verhalten der Räuber zu erklären? Warum schwimmen sie nicht einfach mitten in den Schwarm hinein. Sie brauchen doch nur das Maul aufzusperren und die Beute zu packen?

Eine Raubfisch-Schwarm-Gemeinschaft

Im Roten Meer beobachte ich schon seit zwei Jahren einen ortstreuen Schwarm des Kardinalfisches *Rhabdamia* (Abb. 135–137). Er lebt in 14 m Tiefe über einem kleinen, isoliert stehenden Korallenriff. Wenn ich die Fische jage, schwimmen sie blitzschnell geschlossen in das Riff. Das Besondere an diesem Schwarm ist, daß er sich ›einen Feind hält‹. Zwei braune Riffbarsche *(Aethaloperca)* sind ihre gefürchteten Feinde – dennoch leben sie mit ihnen in unmittelbarer Nachbarschaft. Sind diese mal für kurze Zeit vom Riff abwesend, trauen sich die Fische etwas weiter ins freie Wasser hinaus. Sobald die Riffbarsche jedoch zurückkehren, schwimmen auch die Kardinalfische wieder zum Riff und orientieren sich fluchtbereit zum Felsen.

Geduldig habe ich viele Stunden an diesem Riff gesessen und dem Spiel zwischen Jäger und Gejagten zugesehen. Die Riffbarsche haben keine Chance, Fische direkt aus dem Schwarm zu erbeuten. Wenn sie langsam aus dem Riff herausschwimmen, flüchten die Kardinalfische nicht etwa in ihre Verstecke, nein, sie umkreisen ihren Feind. Sie schließen ihn dicht in eine Vakuole ein – so, wie mich auch der Sprottenschwarm eingehüllt hatte. Vor dem Räuber wimmelt es nur so von Fischleibern, laufend flitzen sie durch sein Blickfeld. Ein Räuber muß aber seine Beute genau aufs Korn nehmen können, bevor er sie angreift, und das gelingt ihm hier nicht – er wird konfus und kann nicht zuschnappen.

Die Kardinalfische scheinen sich dieser Wirkung durchaus bewußt zu sein und zeigen keine Eile, vor den Riffbarschen Reißaus zu nehmen. Aber auch diese haben die Erfahrung gemacht, daß blindes Hineinschwimmen in den Schwarm allein noch keine Beute bringt. Die Natur hat ihnen jedoch einen Ausweg gezeigt und sie gelehrt, wie man die Kardinalfische trotzdem überlisten kann: Hin und wieder stoßen beide unerwartet auf den Schwarm zu. Die Kardinalfische flüchten panikartig auseinander – und diesen kurzen Augenblick, in dem der Schwarm nicht mehr ganz Herr seiner Lage ist, nutzen die Räuber. Die Riffbarsche folgen einzelnen, abgesprengten Fischen, die kopflos das Weite suchen. Noch bevor sie in den schützenden Schwarmverband zurückkehren können, werden sie vom Räuber gepackt und verschluckt.

An vielen Stellen im Roten Meer beobachtete ich dieses eigenartige Nebeneinander von Räuber und Beute. Ich gewann dabei nicht nur einen Eindruck von der Schutzwirkung des Schwarmverhaltens, sondern auch von der Anpassung des Feindes an die Beute. Und noch etwas Interessantes fiel mir auf: Die Schwarmfische unterscheiden ihre Feinde sehr gut und verhalten sich unterschiedlich zu ihnen. Vom Riffbarsch droht nur beim blitzschnellen Zustoßen Gefahr. Gegen ihn schützen sie sich, indem sie ihn bei drohendem Angriff dicht umkreisen.

Ein anderer Feind der Kardinalfische ist der Eidechsenfisch *Synodus,* ein spindelförmiger Raubfisch, der auf Sandboden lebt. Er ist viel kleiner als der Riffbarsch und kann sich deshalb dicht an den Schwarm heranpirschen, ohne gleich bemerkt zu werden. Noch bevor der Schwarm unruhig wird und mit dem Alarmkreisen beginnen kann, gelingt es ihm, einzelne, am Rande stehende Fische zu erbeuten. Von Synodus droht immer Gefahr, und der Schwarm geht daher, sobald er ihn bemerkt, sofort auf große Distanz zu ihm. Auch der räuberische kleine Schleimfisch *Runula* schleicht sich an die Schwärme heran und beißt seinen Opfern Hautstücke ab. Wird er jedoch gesehen, schließt ihn der Schwarm in eine Vakuole ein. Der Putzerfisch *Labroides dimidiatus* ist dagegen ein willkommener Gast, weil er nach Hautparasiten sucht. Er darf sich frei im Schwarm bewegen.

Spannend wird es, wenn die einzelnen Räuber einander das Revier streitig machen und sich gegenseitig bekämpfen. Die Riffbarsche vertreiben die Eidechsenfische, die diesen Schwarmfischfelsen bald ausfindig gemacht haben. Einmal zählte ich über 25 Individuen, die unten am Boden lauerten. Auch der kleine Schleimfisch Runula wird von den Riffbarschen nicht in ihrem Revier geduldet. Auf diese Weise wird die Dichte der Räuber durch die Räuber selbst konstant gehalten – sehr zum Vorteil der Kardinalfische. Für sie scheint es deshalb zweckmäßiger, ortstreu zu sein und den Riffbarschen einen täglichen Tribut zu liefern, als frei umherzuschwimmen und durch die Angriffe vieler Räuber weitaus mehr Artgenossen zu verlieren.

Alle für einen, einer für alle

Im Schwarm wehrloser kleiner Fische sind die Mitglieder gleich. Es gibt keinen Führer, keine Offiziere und keine Individualisten, die aus der Reihe tanzen. Jeder nimmt Rücksicht auf den anderen, keiner wird bevorzugt. Auch untereinander haben die Mitglieder keine Beziehung, sie sind eine große Schar, in der der einzelne Fisch anonym bleibt.

Aus dem bisher Geschilderten könnte der Eindruck entstehen, als sei das Schwarmverhalten von der Natur allein zum Schutz vor Feinden erfunden worden. Das ist ein einseitiges Bild.

Schwärme erfüllen jedoch noch andere Funktionen. Oft sah ich Makrelen, Flötenfische, Barrakudas und auch Haie im Verband jagen. Eibl-Eibesfeldt berichtet von einem Trupp Grauhaie, der einen Meeräschenschwarm ins seichte Wasser einer Bucht drängte, um ihn dort zur Strecke zu bringen. Das sind Schwarmbildungen zum Zweck des Nahrungserwerbs. Schwärme können auch zur Fortpflanzungszeit entstehen. Hier erhöht sich die Wahrscheinlichkeit, auf einen Artgenossen zu treffen, der in der gleichen Stimmungslage und physiologischen Bereitschaft ist.

Trotzdem scheint der Schwarm hauptsächlich unter dem Selektionsdruck ›Feind‹ entstanden zu sein. Mittel zum Schutz ist besonders der ›Konfusionseffekt‹; hier wird letztlich das Unvermögen des Räubers ausgenutzt, sich auf ein Ziel zu konzentrieren. Wissenschaftler haben das Problem in eine mathematische Formel gefaßt: Je größer der Schwarm, desto geringer die Gefahr, von einem Räuber erwischt zu werden. Schwarmgröße und die Wahrscheinlichkeit, gefressen zu werden, verhalten sich etwa umgekehrt proportional. Das läßt sich leicht an einem Goldfisch nachweisen. Setzt man ihm wenige Wasserflöhe ins Becken, frißt er alle auf, weil er sie einzeln fixieren und erbeuten kann. Man sollte annehmen, daß er sich zu Tode frißt, wenn man ein Heer von Wasserflöhen hineingibt. Das Gegenteil aber tritt ein: Die Zahl der erbeuteten Tiere bleibt konstant, weil sich durch die hohe Dichte der Wasserflöhe der Konfusionseffekt vergrößert.

Das Leben in großen Schwarmverbänden bringt allerdings auch einen Nachteil mit sich. Je größer der Verband, desto unentschlossener sind auch die Einzelmitglieder. Das haben wir anfangs bei der Beobachtung des Sprottenschwarms schon erlebt. Zu viele Fische können zugleich in verschiedene Richtungen schwimmen und dadurch den Schwarm auseinanderziehen. Allerdings ›ruft‹ sie ihr starker sozialer Trieb immer zum Schwarm zurück, und nur die kurzen Augenblicke der Unentschlossenheit bringen Gefahr.

Schwarmverhalten hat für das Individuum nicht nur bei Gefahr Vorteile. Das Leben im Schwarm ermöglicht auch Verhaltensleistungen, zu denen die einzelnen nicht fähig sind. So lernten z. B. Goldfische schneller, sich in einem Labyrinth zurechtzufinden, wenn sie vorher Artgenossen beim Durchschwimmen beobachten konnten. Trainierte Karpfenschwärme lernten schneller, ein sich bewegendes Netz zu meiden als einzeln trainierte Tiere. Lernen ist eine besondere Form der Anpassung an die Umgebung.

Ein Barrakuda flüchtet

Einmal beobachtete ich, wie ein großer Barrakuda von einem Schwarm Korallenbarsche angegriffen wurde, weil er sich im Revier des Schwarmes befand. Erstaunlicherweise nahm der Räuber vor den wesentlich kleineren Fischen Reißaus. In der gleichen Kolonie wurde auch ein großer Drückerfisch durch gemeinsamen Scheinangriff der Barsche vertrieben. Die Verhaltensforscher sagen dazu ›hassen‹. Konrad Lorenz führt das schöne Beispiel des Habichts an, der eine Dohle geschlagen hat. Er wird daraufhin vom Dohlenschwarm angegriffen. Obwohl das die gefangene Dohle nicht mehr rettet, kann diese soziale Verteidigungsaktion dazu führen, daß der Habicht Dohlen um eine Spur weniger gern jagt als andere Vögel – und das hat für die Dohlen einen arterhaltenden Wert. Das Verleiden durch einen aufdringlichen, aber harmlosen Scheinangriff kann also eine Abdressur sein. Zum erstenmal hat Eibl-Eibesfeldt dieses Verhalten auch bei Fischen entdeckt. Er beobachtete, wie *Caesio*-Schwarmfische auf eine Muräne ›haßten‹ und sie vertrieben. Ich habe den gleichen Vorgang bei vielen Schwarmfischen immer wieder verfolgen können. Am eindrucksvollsten war das ›Hassen‹ von Korallenbarschen auf einen großen Kraken, der offensichtlich die Heimkoralle der Barsche besetzen wollte. Der Krake wurde laufend angegriffen, er versuchte zuerst, mit seinen Armen die Fische zu vertreiben, ergriff dann aber schleunigst die Flucht. Diese Beispiele beweisen, daß an sich harmlose Tiere in der Masse Gefährlichkeit vortäuschen können.

Was einen Schwarm zusammenhält

Beobachtet man die wohlgeordneten Bewegungen eines Fischschwarms, dann stellt man sich die Frage, wodurch Fische so präzise reagieren, Stimmungen übertragen und sich wie ein einziger großer Körper verhalten können. Die Position der Tiere innerhalb des Schwarms muß ständig korrigiert werden. Die meisten Fische haben eine bestimmte Individualdistanz, die immer eingehalten wird. Bei der Orientierung zum Schwarmnachbar spielen optische Reize eine wesentliche Rolle.

Über die Mechanismen, die den Zusammenhalt des Schwarmes bewirken, gibt es zwar einige Spekulationen, aber ein experimenteller Nachweis liegt bisher noch nicht vor. Eines steht aber fest: Die Tiere haben einen starken Schwarmtrieb, einen sozialen Instinkt, von dem man auch weiß, an welcher Stelle des Gehirns er ungefähr seinen Sitz hat. Janzen operierte 1933 einigen Elritzen das Vorderhirn heraus und setzte ein operiertes Tier zum Schwarm zurück. Der Fisch konnte normal fressen und schwimmen. Auch die Sehfähigkeit schien nicht beeinträchtigt. Als verhängnisvoll erwies sich nur sein Verhalten den Artgenossen gegenüber. Durch die Operation waren ihm nämlich jene Teile des Gehirns entfernt worden, die u. a. den Herdentrieb auslösen. Der Fisch hatte seine ›soziale Rücksichtnahme‹ den Schwarmmitgliedern gegenüber verloren. Er schien sich nicht mehr gebunden zu fühlen und schwamm rücksichtslos davon – und der Schwarm folgte blindlings diesem ›hirnlosen‹ Führer. Für ein im Schwarmverband lebendes Tier ist der Schwarm eine Lebensgemeinschaft, in der es sich geborgen fühlt. Kein Wunder also, daß Schwarmtiere, wenn sie getrennt gehalten werden, krank werden und meist sterben.

Ich habe unter Wasser die Versuche von Janzen in einem kleinen Experiment nachvollzogen. Ich baute eine Attrappe, die ich willkürlich durch das Wasser ziehen konnte. Sie mußte so naturgetreu wie möglich sein und alle optischen Artgenossenmerkmale aufweisen, um vom Schwarm akzeptiert zu werden. Tatsächlich gelang es mir auf diese Weise, Schwärme von Meerbarben durch das Korallenriff spazierenzuführen. Sie folgten willig ihrem hölzernen Kameraden, den ich an einer Schnur hinter mir herzog. Indirekt wurde ich so zum Anführer des Fischschwarmes und hatte Macht über unzählige Meerbarben, indem ich ihnen durch die Attrappe meinen Willen aufzwang. Eine gefährliche Methode, anonyme Verbände bewußt zu lenken, wenn man um die Bedeutung des ›sozialen Instinktes‹ weiß.

Die Versuche mit den operierten Fischen und mit der Attrappe waren nur mit sozial erfahrenen Tieren durchgeführt worden. Sie geben einen Anhaltspunkt, daß die Fische durch einen sozialen Trieb mit Zuwendung auf den Artgenossen reagieren. Wenn das der einzige dem Schwarmverhalten zugrunde liegende Mechanismus wäre, müßten die Fische ständig in einem dichten Haufen zusammenbleiben. Das heißt, es muß gleichzeitig noch eine andere Kraft vorhanden sein, die die Fische gegenseitig abstößt – so wie gleichpolige elektrische Ladungen sich abstoßen. Die Distanzregelung zum Schwarmnachbarn wäre dann ein feinfühliges Spiel zwischen diesen beiden gegensätzlichen Kräften. Die Wirkungsweise beider hat die amerikanische Forscherin Evelyn Shaw erst unlängst untersucht: Sie isolierte einzelne Schwarmfische gleich nach dem Ausschlüpfen aus dem Ei, gab ihnen aber zwischendurch die Möglichkeit, für kurze Zeit mit schwarmerfahrenen Fischen zu schwimmen. Das erstaunliche Ergebnis dieses Experimentes war nun, daß die isolierten Tiere wohl aufeinander zustrebten und versuchten, parallel zu schwimmen, daß aber gleichzeitig eine starke Tendenz die Tiere zum Wegschwimmen veranlaßte. Dieses Verhalten zeigten schwarmerfahrene Fische nicht. Die isolierten Tiere wechselten ständig ihre Position und führten einen merkwürdigen Zick-Zack-Tanz auf – ein Konfliktverhalten, hervorgerufen durch den Trieb, sich einerseits dem Schwarm einzugliedern, andererseits von ihm wegzuschwimmen.

Ein Schwarmfisch muß also lernen, diese feinabgestuften Mechanismen ins richtige Gewicht zu bringen, die dann erst den Schwarmzusammenhalt – mit allen seinen Vorteilen – garantieren. Er muß das Schwarmschwimmen üben und braucht dabei den sozialen Kontakt mit dem Artgenossen.

Räuber der See

Bisher habe ich berichtet, wie Räuber und Beute im Daseinskampf im Riff zu immer neuen Anpassungen gezwungen werden. Je einfallsreicher die Beute bei ihrer Verteidigung ist, desto schwieriger wird es für den Räuber, in diesem Wettlauf mitzuhalten. Im Zug der fortschreitenden Eroberung des Meeres kommt auch der Mensch immer häufiger mit den großen Räubern der See zusammen und muß sich vor ihnen schützen. Auch er ist, wie ein Beutetier, zur ›Gegenanpassung‹ gezwungen. Vor der westafrikanischen Küste wurden Berufstaucher von riesigen Zackenbarschen angegriffen. Es sind auch viele Fälle bekanntgeworden, wo große Pfeilhechte oder Barrakudas Menschen anfielen. Donald de Sylva analysierte 22 Unfälle mit teilweise tödlichem Ausgang, bei denen die Schwimmer meist an der Wasseroberfläche attackiert wurden. Im Gegensatz zum Hai, der mehrmals zubeißt, versetzt der Barrakuda seinem Opfer nur einen einzigen Biß, der meist zum Verbluten des Verletzten führt. Die größte potentielle Gefahr droht dem Taucher jedoch vom Hai.

Der Hai, ›die gefährliche Bestie‹

Wir haben Haien gegenüber eine vorgefaßte Meinung und beurteilen sie als unsympathisch und ›böse‹, nur weil sie einige Merkmale besitzen, die sie von vornherein zu einer ›Bestie‹ stempeln: die schlitzförmigen, starren Augen, der Kopf mit dem halbmondförmigen Maul und das furchterregende Gebiß. Seit alters her zeichnet der Mensch ›böse‹ Tiere und Schreckgestalten wie Drachen, Medusenhäupter und Schlangen mit schlitzförmigen Augen und zähnebewehrtem Maul. Das Äußere des Haies entspricht diesen Vorstellungen genau. Sicherlich sehen wir im Hai nicht zuletzt deshalb das aggressive, blutrünstige Untier, weil er uns im Meer eindeutig überlegen ist. Besonders bei Seeleuten findet man einen tiefverwurzelten Haß gegen diesen Räuber. Berichte, nach denen Haie Menschen bis zur Unkenntlichkeit verstümmelt haben, schüren diesen Haß. Ein grausiges Beispiel ist die Geschichte vom Lt. Comandr. Kabat, der 1944 vor Guadalcanal eine Nacht hindurch hilflos im Wasser trieb und dabei immer wieder von Haien angegriffen wurde: ›... Wieder kam er.

Es gelang mir, ihn auf die Augen und die Nase zu schlagen. Das Fleisch meines linken Armes war zerfetzt . . . In Abständen von 10–15 Minuten pflegte er sein langsames Schwimmtempo aufzugeben und mich direkt von links anzugreifen. Nur zweimal schwamm er unter mich. Da ich gegen diese Art des Angriffs hilflos war, fürchtete ich sie am meisten. Aber weil ich so flach auf dem Wasser lag, konnte er mich nicht von unten packen . . . Die große Zehe meines linken Fußes hing herunter. Ein Stück meiner rechten Ferse fehlte. Mein linker Ellbogen, die linke Hand und der linke Schenkel waren zerrissen. Wenn er mich einmal nicht biß, dann rieb seine rauhe Haut große Stücke meiner Haut ab. Das Salzwasser dämmte den Blutfluß etwas, und ich fühlte keinen großen Schmerz.‹ (Zitat nach Eibl-Eibesfeldt.)

Ich will versuchen, ein biologisches Bild des Haifisches zu zeichnen, das mit den Vorurteilen gegen diesen Fisch aufräumt und das zeigt, daß die uns so abscheulich anmutenden Grausamkeiten im Umgang mit der Beute ihre Daseinsberechtigung haben.

Haifischforschung

Jährlich fallen etwa 300 Menschen Haien zum Opfer. Wahrscheinlich ist die Zahl noch höher anzusetzen, da nicht alle Unfälle bekanntwerden. Es ist deshalb verständlich, daß wir heute Haifischforschung immer intensiver betreiben. Wir müssen sichere Haiabwehrmittel entwickeln, die nicht nur den unter Wasser arbeitenden Menschen schützen, sondern die auch z. B. bei Katastrophen im internationalen Schiffs- und Flugverkehr Anwendung finden können.

Das American Institute of Biological Science hat in Washington eine internationale Zentrale für Haifischforschung geschaffen, in der man im April 1958 unter Mitwirkung von 34 internationalen Experten das Shark Research Panel gründete, dessen Vorsitzender der bekannte Haiexperte Perry Gilbert ist. Aufgabe dieser Zentrale ist u. a. das Studium der Biologie und des Verhaltens der Haie sowie eine statistische Erfassung und eine genaue Analyse von Haiangriffen auf den Menschen. Ähnliche Untersuchungen werden jetzt im Mote Marine Laboratory (dem ehemaligen Cape Haze Marine Laboratory) in Sarasota in Florida durchgeführt.

Nicht nur das Verhalten der Haie dem Menschen gegenüber ist heute Gegenstand wissenschaftlicher Untersuchungen. Auch für die medizinische Forschung sind Haie begehrte Versuchstiere. Haie sind resistent gegen Krebs und kennen keine Herzerkrankungen. So entdeckten Forscher vom National Institute of Health bei Haien bestimmte Arten von Serum-Antikörpern, wie sie auch der menschliche Organismus in großen Mengen bildet, wenn er von Blutkrebs befallen ist. Eine Antwort auf die Frage, wie der Hai diese Antikörper herstellt, könnte die Krebsforschung vielleicht einen Schritt weiter bringen. Seit Generationen sind konservierte Haie als Anschauungsmaterial für Anatomiestudenten gefragt. Deshalb kennen wir den Körperbau der Haie genau, über ihr Verhalten jedoch wissen wir nur wenig. Die Lebensweise des

Haies zu erforschen ist schwierig, sie kann nur im freien Wasser untersucht werden, wo die Haie selbst die Versuchsbedingungen bestimmen.

Bedeutet nun jede Begegnung mit dem König des Meeres eine akute Gefahr?

Begegnungen mit Haien

Am häufigsten begegnete ich Haien im Korallenriff beim ersten Einstieg ins Wasser. Neugierig schwimmen sie auf den Taucher zu, um dann ebenso plötzlich wieder zu verschwinden. Jede unruhige Bewegung, vor allem aber die Geräusche des Atemgerätes, treiben kleine Küstenhaie sofort in die Flucht. Von vielen Haien erblickte ich deshalb nur die davoneilende Schwanzflosse. Hochseehaie dagegen lassen sich von Menschen nicht so leicht beeindrucken. Sie sind für uns unheimliche Gestalten, die wir furchtsam bewundern, wenn sie mit kräftigen Bewegungen ihres eleganten Körpers lautlos dahinschießen.

An einem regnerischen Tag tauchte ich zusammen mit der Algenforscherin Sylvia Earle an der Westküste Floridas. Im trüben Wasser konnte ich kaum zwei Meter weit sehen, und über dem Grund verlor ich meine Begleiterin bald aus den Augen. Plötzlich spürte ich eine starke Druckwelle im Wasser. Ein etwa drei Meter langer Zitronenhai schwamm auf mich zu. Seine Bewegungen waren unruhig, und ich wußte durch meine Erfahrungen mit diesem Hai am Cape Haze Laboratorium, daß ich einen Angriff zu erwarten hatte. Das schnelle Auftauchen des Haies hatte mich erschreckt, ich riß mit einer Reflexbewegung meine Unterwasserkamera hoch, als ob ich mich dadurch schützen könnte. Das Blitzlicht leuchtete auf, und in diesem Moment sausten der Halbmond des Hai-Maules und ein stechend blickendes Auge im trüben Wasser an mir vorbei. Hatte den Hai das Blitzlicht in die Flucht geschlagen? Wie dem auch sei, ich schwor mir, nie wieder in trübem Wasser zu tauchen.

Oft hört man die Meinung, daß sich Haie durch einen vorgetäuschten Angriff vertreiben lassen. Einmal tauchte ich mit einem ägyptischen Studenten gegen Abend etwa 100 m vor einer Riffkante im Roten Meer. Plötzlich schossen aus dem tiefen Wasser sechs mittelgroße, nur anderthalb Meter lange Schwarzflossenhaie herauf; angriffslustig peitschten ihre Schwanzflossen. Im Nu hatten sie uns eingekreist. Der erste unternahm einen Vorstoß, indem er uns anzurempeln versuchte. Wild mit den Armen fuchtelnd, schwammen wir auf ihn zu, um ihn abzuschrecken. Tatsächlich drehte er daraufhin dicht vor uns ab. Sofort darauf erfolgte der Angriff eines anderen Haies, den wir ebenfalls abwehren konnten. Doch die Situation wurde immer brenzliger, die Vorstöße erfolgten in immer kürzeren Abständen. Sobald die Haie ein wenig zurückwichen, schwammen wir schnell in Richtung der schützenden Riffkante, um dann wieder einige Meter durch einen Scheinangriff zu verlieren. Es war ein Katz-und-Maus-Spiel, das wir schließlich doch gewannen. Wir fühlten uns allerdings keineswegs als Helden, als wir die rettende Riffkante erreichten.

Nicht immer wird man die nötige Courage aufbringen, einen Hai durch einen Schein-angriff in die Flucht zu schlagen, vor allem dann nicht, wenn das Tier einen selbst an Körperlänge übertrifft. Als ich an einem stark bewölkten Tag mit einem Freund in 40 m Tiefe auf der Banc d'Entrée im Indischen Ozean tauchte, drehte ein ausge-wachsener, gut 6 m langer Hammerhai vor uns eine Kurve und schwamm plötzlich auf uns zu. Die Augen auf den hammerartigen Fortsätzen bewegten sich im Takt des langsam hin und her pendelnden Kopfes. Meter um Meter kam er uns näher. Für uns gab es auf der flachen Bank keine Deckungsmöglichkeiten. Im dunklen, aber doch klaren Wasser wirkte der Hai grimmig und furchterregend. Ich brachte nicht den Mut auf, ihm entgegenzuschwimmen, um ihn von seiner auf uns gerichteten Bahn ab-zulenken. Aus Angst hob ich die Filmkamera und drückte auf den Auslöser. Es dau-erte 18 lange Sekunden, einen ganzen Filmdurchlauf, bis der Hai uns erreichte, dicht vor uns abdrehte, um dann langsam den Abbruch hinabzuschwimmen. Diese Begeg-nung lehrte mich, daß absolute Ruhe ein sehr wirksamer Schutz sein kann.

Bei meinen vielen Haibegegnungen konnte ich feststellen, daß sich die meisten Tiere von der Gegenwart des Menschen nicht sonderlich beeindrucken ließen. Ich konnte je-doch auch nie recht unterscheiden, wann sie nur aufdringlich neugierig oder wann sie wirklich angriffslustig waren. Sicher wird ein Hai seine Beute, die er zuerst mit seiner rauhen Haut streift, um sie zu prüfen, später angreifen und fressen wollen. Das machen aber in abgewandelter Form fast alle Raubtiere, ohne daß man ihnen deshalb beson-dere Aggressivität zuschreiben würde. Was wissen wir eigentlich heute über das Leben der Haie? Jacques Cousteau, der auf seinen jahrelangen Forschungsfahrten unzähli-gen Haien begegnete, bekennt, daß man – so paradox es klingt – um so weniger über den Hai weiß, je mehr man mit ihm zu tun hat.

Wie Haie leben

Etwa 250 Haiarten sind aus dem Meer und dem Süßwasser bekannt. Im Nicaragua-See in Mittelamerika kommt der für den Menschen gefährliche *Carcharhinus nicara-guensis,* im Ganges der *C. gangeticus* vor. Auch im Sambezi-Fluß wurden wiederholt Haie gesichtet. Haie sind eine sehr vielschichtige Gesellschaft – die Riesen unter ihnen, die Walhaie, werden fast 20 m lang, die Zwerge dagegen nur 15–16 cm. Ob-wohl es stammesgeschichtlich sehr alte Tiere sind, haben sie sich erfolgreich bis in die heutige Zeit behauptet. Als räuberische Großbrockenfresser gaben sie trotz ihres pri-mitiven Kieferapparates ihre Vorrangstellung im Meer nie auf und konnten sogar dem Ansturm der stammesgeschichtlich jüngeren Knochenfische standhalten.

Den Konkurrenzkampf um ihre Beute bestehen diese Raubfische, indem sie sich ihre Jagdgebiete aufteilen und im Meer verschiedene ökologische Planstellen besiedeln. Im Kapitel über die Zonen des Korallenriffs habe ich berichtet, daß die Haie dort an verschiedenen Stellen vorkommen, um zwischenartliche Konkurrenz zu vermeiden.

Der Marderhai lebt in Bodennähe, während Grau- und Schwarzflossenhai ihr Revier im freien Wasser vor dem Riff haben. Beide versuchen, einander aus dem Weg zu gehen, denn sie besetzen die gleiche ökologische Nische. An tieferen Abbruchkanten beobachtete ich oft den Weißrandhai (*Carcharhinus albimarginatus,* Abb. 150).

Einige Haie haben erstaunliche Anpassungen an ihren Lebensraum entwickelt. So können die Hochseehaie mit ihrem kräftigen, spindelförmigen Körper schnell und ausdauernd schwimmen. Zu ihnen gehören die angriffslustigsten und gefährlichsten Haiarten, wie etwa der große Weißhai *(Carcharodon carcharias)* oder Weißflossenhai *(Carcharhinus longimanus)* und der Mako-Hai *(Isurus oxyrinchus).*

Da Haie bekanntlich nicht wie andere Fische eine Schwimmblase haben, die als Schwebeorgan dient, müssen sie Tag und Nacht unermüdlich umherschwimmen, um nicht abzusinken. Diese schnellen Tiere atmen passiv, d. h., sie nutzen den Sauerstoff aus, der unterhalb der Stoßkante ihres Kopfes in das leicht geöffnete Maul ein- und an den Kiemenspalten wieder austritt. Diese Atmungsweise ist eine vorzügliche Anpassung an das Leben im freien Wasser. Sie funktioniert jedoch erst, wenn der Hai schneller als 2 m/sec schwimmt. Am Boden lebende Arten müssen deshalb aktive Atembewegungen ausführen.

Die bodenbewohnenden Arten stimmen oft farblich mit dem Hintergrund überein. Der Wobbegonghai *(Orectolobus ogilbyi)* hat sogar bestimmte Zeichnungsmuster entwickelt, um gut getarnt zu sein (Abb. 72). Auch die Sandhaie kann man nur schwer am Boden erkennen. Die Art *Carcharhinus taurus* hat schon viele Badegäste getötet, die den 5 m langen Hai sogar im seichten Wasser übersahen. Viele Taucher versuchten, schlafende Ammenhaie zu wecken, und wunderten sich, wenn sie von diesen dem Anschein nach harmlosen Bodenhaien plötzlich angegriffen wurden. Randall berichtet von einem 13jährigen Jungen, der von einem nur 70 cm langen Ammenhai in den Arm gebissen wurde, weil er den schlafenden Hai am Schwanz gepackt hatte.

Cousteau hat an kleinen Riffhaien interessante Verhaltensbeobachtungen gemacht. Mit Wurfspießen befestigte er Plastikmarken am Körper der Haie und konnte dadurch nachweisen, daß die Tiere ortstreu sind. Küstenhaie bilden sogar Gruppenreviere. Innerhalb der Gruppen bestehen vermutlich Rangordnungen unter den Tieren – dem stärksten Tier (Alpha-Tier) gehen die anderen aus dem Weg. Ihre Gebietstreue erhöht den Jagderfolg dieser Räuber.

Auch für einen Hai ist es nicht immer leicht, Beute zu machen. Die meisten Riff-Fische haben sich an ihren Freßfeind angepaßt und flüchten bei seinem Erscheinen in ihre Verstecke. Haie jagen deshalb oft in kleinen Gruppen und treiben sich die Beute zu. Im Roten Meer beobachtete ich einen ortstreuen Grauhai, der auf eine ganz besondere Idee gekommen war: Er jagte vorwiegend an der Riffkante unterhalb der Wellenbrecher. Hier geraten kleinere Fische oft in den Wassersog und werden von den Wellen mitgerissen. In diesem Augenblick sind sie dem Räuber ausgeliefert.

Am leichtesten fallen den Haien schwächliche und kranke Tiere zum Opfer; auf diese Weise betreiben sie unter der Beute eine natürliche Auslese (Abb. 149).

Kannibalen im Mutterleib

Haie bringen lebende Junge zur Welt oder legen Eier ab, die im Körper befruchtet wurden. Nur selten hat man beobachtet, wie Haie kopulieren. Hans Hass berichtet, wie männliche Marderhaie bei dem Versuch, sich an einem Weibchen festzuhalten, diesem unablässig in die Kiemenspalten bissen. Dieses Verhalten fiel auch Eugenie Clark kurz vor der Kopulation eines Zitronenhai-Pärchens auf. Lebendgebärende Haie bringen unterschiedlich viele Junge zur Welt, der Zitronenhai z. B. elf, der Tigerhai aber bis zu fünfzig. Sollte der Unterschied in der Anzahl der Nachkommenschaft mit der Lebensweise dieser Tiere in Zusammenhang stehen? Vermutlich müssen die Hochseehaie mehr Nachkommen zeugen, weil viele in der unendlichen Wasserwüste des freien Meeres entweder verhungern oder vielleicht auch von anderen Haien gefressen werden. Erwachsene Haie verschonen in ihrer Freßgier oft nicht einmal ihren eigenen Nachwuchs.

Ein recht merkwürdiger Geburtsvorgang spielt sich bei dem Sandhai *(Carcharias taurus)* ab. Dieser Hai hat zwei getrennte Eileiter, und aus jedem wird nur ein Junges geboren. Bei seiner Geburt hat das Jungtier bereits einen seltsamen Überlebenskampf hinter sich: Um zu überleben, mußte es nämlich alle anderen Jungtiere im Eileiter auffressen. Dieser Fall von Kannibalismus im Mutterleib ist wohl einmalig im Tierreich. Als Steward Springer, der Entdecker dieses Phänomens, ein Sandhai-Weibchen untersuchte, wurde er von einem Jungtier in die Hand gebissen.

Haie und ihre Beute

Magenuntersuchungen an Haien zeigten immer wieder, daß diese Räuber in der Auswahl ihrer Beute nicht wählerisch sind. Sie fressen praktisch alles: Fische, Krebse, Muscheln, Tintenfische, Seevögel, Konservendosen, und einmal kam aus dem Magen eines Haies sogar eine neun Meter lange und einen Meter breite Rolle Dachpappe zum Vorschein. Daß hin und wieder auch Überreste von Menschen im Haimagen gefunden wurden und sogar zur Aufdeckung von Verbrechen beigetragen haben, nimmt bei der räuberischen Lebensweise des Haies kaum wunder. Coppleson meint, daß Haie, die einmal im flachen Wasser Badegäste angefallen haben, eine Vorliebe für menschliche Beute entwickeln. Traurige Berühmtheit erlangte ein großer Weißhai vor der Küste von New Jersey, der im Sommer 1916 innerhalb von zehn Tagen vier Menschen tötete und einen Jungen schwer verletzte. Als man ihn zwei Tage später fing, fand man in seinem Magen noch menschliches Fleisch und Knochen.

Auch Eugenie Clark berichtet von Haiangriffen an der Westküste Floridas, die sich innerhalb von fünf Wochen im gleichen Gebiet ereigneten, obwohl in diesem Küstenabschnitt seit 38 Jahren kein Mensch mehr von Haien angefallen worden war. Wahrscheinlich wurden auch diese Angriffe von einem einzelnen Hai unternommen. Diese

Fälle legen die Vermutung nahe, daß sich Haie leicht auf eine bestimmte Beute abrichten lassen.

Daß Haie sich vor dem Zubeißen auf den Rücken legen, ist eine weitverbreitete Meinung. Sie stimmt nicht. Die Freiwasserbeobachtungen von Cousteau und anderen bestätigen, daß Haie fast aus jeder Lage fressen können. Besonders größere Beute wird vor dem Zuschnappen mehrmals umkreist und durch Anstoßen oder Scheuern auf Genießbarkeit geprüft. Erst danach erfolgt der eigentliche Angriff, der sich in eine wilde Freßraserei steigert, wenn mehrere Haie daran teilnehmen. Perry Gilbert schreibt, daß der Hai seinen Vorstoß auf die Beute mit den Brustflossen abbremst – ähnlich wie ein Flugzeug, das mit ausgefahrenen Landeklappen zur Landung ansetzt. Vor dem Zubeißen richtet der Hai seinen Körper leicht auf, reißt die Kiefer weit auseinander (der Kiefer kann über 90° weit geöffnet sein) und schlägt mit ungeheurer Wucht seine Zähne in die Beute. Indem er seinen Kopf mehrmals hin und her schüttelt, reißt er mit einem Biß 5–10 kg schwere Stücke heraus. Der Kieferdruck beim Zubeißen wurde von Gilbert mit einer raffinierten Apparatur gemessen: Er beträgt einige Tonnen.

Blut, Körpersäfte und zappelnde Bewegungen der Beute steigern die Freßerregung der Haie. Einmal in Freßraserei geraten, machen die Tiere vor nichts halt und greifen alles an, was sich in ihrer Reichweite befindet – mitunter auch ihre eigenen Artgenossen. Wir haben von Bord der Rhincodon, des Haifangbootes des Cape Haze Laboratoriums, oft verfolgen können, wie an der Angel festsitzende Haie im Wasser von ihren eigenen Artgenossen angefallen wurden. Ein geangelter Hai sendet nämlich viele Beuteschlüsselreize aus, die auch für den Artgenossen attraktiv sind. Von vielen Hammerhaien konnten wir nur noch den am Haken hängenden Kopf herausziehen.

Was Haie anlockt

Haie können im Wasser gelöste, durch die Strömung herangetragene Stoffe schon auf 350 m Entfernung riechen. Sie nehmen Substanzen noch bei einer Verdünnung von 1 : 1,5 Millionen wahr. Diese Geruchsleistung scheint auf den ersten Blick phänomenal, wird aber vom Aal noch übertroffen: 1 cm^3 eines bestimmten Stoffes in der 58-fachen Wassermenge des Bodensees aufgelöst, konnte von Aalen im Versuch noch wahrgenommen werden.

Perry Gilbert setzte Zitronenhaien vier mit Löchern versehene, äußerlich gleiche Dosen vor, doch nur in einer befand sich Fischfleisch. Diese Dose wurde von den Versuchstieren schnell ausfindig gemacht. Tester von der Universität Hawaii glaubt, daß Haie sogar geängstigte oder beunruhigte Fische an Hand eines Geruchsstoffs aufspüren können, den diese im Angstzustand vermutlich ausscheiden. Die Versuche zeigen, daß der Geruchssinn der Haie bei der Lokalisierung der Beute eine große Rolle spielt.

Da Haie oft in trübem Wasser oder auch in der lichtlosen Tiefsee jagen, meinte man früher, daß ihr Gesichtssinn weniger ausgeprägt sei und beim Beutefang nicht eingesetzt werde. Das Haiauge weist aber einige anatomische Besonderheiten auf, die auch die geringste Lichtmenge maximal ausnutzen. Hinter der Netzhaut befindet sich eine Schicht reflektierender Guaninkristalle, das sogenannte Tapetum lucidum. Nachdem ein Lichtstrahl die lichtempfindlichen Stellen der Netzhaut getroffen hat, wird er am Tapetum reflektiert und zurückgeworfen, wodurch die Netzhaut vom gleichen Lichtstrahl ein zweites Mal gereizt wird. Viele Flachwasserhaie schützen aus diesem Grund ihre Netzhaut vor zu starkem Licht, indem sie eine Art ›Vorhang‹ in Form von pigmentierten Zellen vor das Tapetum schieben.

Haie werden auch durch zappelnde, ungleichmäßige Bewegungen angelockt. Dabei kontrollieren sie mit dem Gesichtssinn die Stellen, in die sie hineinbeißen wollen. Cousteaus berühmte Taucherattrappe Arthur wurde bei einem Angriff ins Bein gebissen. Badende oder Schiffbrüchige, die hilflos an der Oberfläche treiben, senden aus der Sicht eines Haies ideale optische Beutesignale, sie werden fast immer in Arme und Beine gebissen. Durch die Schwimmbewegungen entstehen gleichzeitig auch Druckwellen, die Haie mit ihrem Seitenlinienorgan wahrnehmen. Die Registrierung der Druckwellen ist besonders für den Hai von Bedeutung, der in trübem Wasser und in den lichtlosen Tiefen der Hochsee jagt. Vor längerer Zeit testete Parker die Sensibilität der Seitenlinie. Er schaltete Gehör und Sehvermögen operativ aus und stellte fest, daß die Haie trotzdem auf bestimmte Vorgänge im Wasser sinnvoll reagierten.

Auch das Hörvermögen der Haie ist gut entwickelt. Erst kürzlich stellte Myrberg auf den Bahamas Freiwasserversuche an, bei denen harmonische und nicht harmonische Töne verschiedener Frequenzen im Wasser erzeugt wurden. Die Reaktion der Haie beobachtete man über ein Unterwasserfernsehgerät. Niedere Frequenzen von 20 bis 100 Hertz wirkten am besten und lockten die meisten Haie herbei. Die obere Wahrnehmungsgrenze lag bei 800 Hertz.

Der holländische Forscher Dijkgraf entdeckte, daß bestimmte andere Sinnesorgane am Kopf, die sogenannten Lorenzinischen Ampullen, sogar elektrische Reize wahrnehmen können. Wozu diese Fähigkeit entwickelt wurde, weiß man noch nicht. Sollten auch sie der Ortung lebender Beute dienen?

Haiabwehr

Schon früher hatte man festgestellt, daß faulendes Haifischfleisch und Kupferazetat auf Hundshaie abschreckend wirkten. Daraufhin stattete die amerikanische Marine ihre Soldaten für den Seenotfall mit Kupferazetattabletten aus. Hans Hass wies jedoch später nach, daß sich die meisten Haiarten wenig um das Kupferazetat kümmerten, denn sogar harpunierte Fische, in deren Körper man Kupferazetat gefüllt hatte, wurden aufgefressen.

210

Im Zweiten Weltkrieg wurde Nigrosin-Farbstoff zur Haiabwehr benutzt. Nigrosin breitet sich schnell im Wasser aus und bildet eine große schwarze Wolke. Dieses Mittel sollte auf den Gesichtssinn der Haie wirken. Tatsächlich wichen die Haie der Farbwolke aus. Das taten sie auch, als man bei Versuchen ihre Nasen verstopfte. Damit war bewiesen, daß der Farbstoff nicht auf den Geruchssinn wirkt. Erst als man den Haien die Augen mit Klappen verdeckte, schwammen sie in die Wolke hinein.

Beobachtungen haben gezeigt, daß der an der Wasseroberfläche treibende Schiffbrüchige sicherer ist, wenn seine nach unten hängenden, strampelnden Beine als angriffsauslösende, optische Beutereize von den Haien nicht gesehen werden können. Scott Johnson entwarf einen Rettungssack, in den Schiffbrüchige hineinsteigen. Möglicherweise werden durch diese Methode auch die durch die Schwimmbewegungen entstandenen Druckwellen etwas gedämpft. Johnson schwamm mit einem solchen Rettungssack längere Zeit zwischen Zitronenhaien umher und blieb ungeschoren.

Hans Hass hat früher behauptet, daß sich Haie durch Schreie abschrecken ließen. Viele Sporttaucher haben diese Methode angewandt – teils mit, teils ohne Erfolg. Sicher haben nur wenige den Schrei an großen Haien ausprobiert. Philippe Cousteau hält die Methode für unwirksam. Auch nach meinen Erfahrungen lassen sich größere Haie durch einen Schrei nicht beeindrucken. Kleine Küstenhaie allerdings können sowohl durch einen Schrei als auch durch heftige Bewegungen in die Flucht geschlagen werden.

Haie sind empfindlich gegen Berührung. Ein Stock mit einem Nagel am Ende hat schon vielen Tauchern bei der Abwehr von Haiangriffen gute Dienste geleistet. Neuerdings werden Versuche mit elektrischen Abwehrvorrichtungen durchgeführt, bei denen die Empfindlichkeit der Haie gegen elektrische Stromstöße ausgenutzt wird.

Gefährlich für den Menschen sind mit Sicherheit der große Weiße Hai, Makrelenhai, Hammer-, Zitronen-, Tiger- und Blauhai, der Grau- und Makohai und der Weißflossenhai der Hochsee. Dazu kommen andere Arten, von denen zwar noch keine verbürgten Berichte vorliegen, daß sie Menschen angegriffen haben, deren Gefährlichkeit aber nicht auszuschließen ist – etwa der Schwarzflossenhai aus dem Indopazifik. Fest steht aber, daß der größte Teil der 250 Haiarten für den Menschen keine Bedrohung darstellt.

Die Angriffsstimmung der Haie hängt von der Tageszeit, der Wassertemperatur, der Sichtweite sowie von der Bewegungsweise des Schwimmers ab. Bisher wurden Taucher weniger häufig als Schwimmer angegriffen. Das mag daran liegen, daß sich der Taucher unter Wasser viel ruhiger bewegt und immer auf eine Begegnung mit einem Hai eingestellt ist. Er orientiert sich deshalb bei Erscheinen eines Haies zum Tier hin. Schwimmer an der Oberfläche dagegen bemerken den herannahenden Hai meist nicht, bewegen sich unkontrolliert und können einen Angriff deshalb leichter auslösen.

Bei kommerziellen und wissenschaftlichen Meeresuntersuchungen haben sich Schutzkäfige bewährt, in die der Taucher hineinsteigt. Allerdings schränken sie seinen Aktionsradius erheblich ein. Ich glaube, wenn der Mensch die Vorrangstellung des Haies im Meer anerkennt und sich selbst eingesteht, daß er nun einmal der Unterlegene ist, wird langsam der durch Tradition fortgepflanzte Haß gegen diesen Raubfisch verschwinden. Die furchterregende Grausamkeit im Umgang mit seiner Beute ist als ein Verhalten zu verstehen, das durch Selektion entstanden ist.

Der für uns notwendige Selbstschutz kann nicht darin ausarten, Haie in ohnmächtiger Wut auszurotten, wie es in Hawaii erfolglos versucht wurde, sondern es müssen durch das Studium des Verhaltens natürliche Schutzmaßnahmen entwickelt werden, die den Badegästen und Tauchern in tropischen Meeren, nicht zuletzt Schiffbrüchigen und Überlebenden von Flugzeugkatastrophen, gleichermaßen helfen.

Die Fotografen

Dr. George J. Benjamin
(Kanada)

1918, Chemiker. Besitzer der Benjamin Film
Laboratories, Toronto.
Bild Nr. 40
aufgenommen mit Nikonos auf CPS Film.
Hauptinteressen Fotografie und Höhlen-
forschung. Hat die ›Blauen Höhlen‹ auf den
Bahamas erforscht. Sein Film ›Andros Blue Holes‹
wurde in Santa Monica und New York
prämiert (Bester Dokumentarfilm des Jahres 1969).
1970 Zusammenarbeit mit Jacques Cousteau
an einem Fernsehfilm über die ›Blauen Höhlen‹.

Jane Burton
(England)

Tierfotografin.
Bild Nr. 24
aufgenommen mit Hasselblad 500 C.
Zahlreiche Beiträge in Life, Reader's Digest,
Animals.
Buch: Animals of East Africa, Eurobooks Ltd.
Arbeitet an dem Buch ›Life History of Flamingos‹.
Lebt mit ihrer Familie in Surrey (England),
wo sie Verhaltensstudien an Tieren betreibt.

Benjamin Cropp
(Australien)

1936, Filmproduzent und Fotograf; Vorsitzender
des Photographer Committee World Skindiving
Federation und der Australian Skindiving
Federation.
Bild Nr. 128
aufgenommen mit Nikonos (28 mm) auf Kodak
Ektachrome X.
Unterwasserfotograf des Jahres 1964,
Santa Monica. Gewinner von 7 Harpunenjagd-
Wettbewerben in Australien (vor 1962), jagt
heute ausschließlich mit der Kamera.
Beitrag ›Seeschlangen‹ im National Geographic
Magazine (April 1972).
Buch: Shark Hunters, MacMillan,
New York 1971.
Produzent von 16 Unterwasser-Fernsehfilmen.
Sein letzter Film ›The Hungry Sea‹ wurde auch
in Europa gezeigt.

Walter Deas
(Australien)

1933, Unterwasserfotograf.
Bilder Nr. 25, 72, 114
aufgenommen mit Rolleimarin auf Kodak
Ektachrome.
Australischer Unterwasserfotograf des Jahres
1969; Goldmedaille des British Film Festival 1968;
Ehrenmitglied der Academy of Underwater
Photographers' Hall of Fame, USA 1969;
Silbermedaille Mondo Sommerso, Italien 1971
Bücher: Beneath Australian Seas, A. W. & A. H.
Reed, Sydney; Seashells of Australia;
Australian Fishes, Offset Printing Co., Sydney;
Natural Life of the Barrier Reef, Rigby Ltd.,
Adelaide; Coral Reefs of the Seychelles and
the Great Barrier Reef, Seychelles Government
Printer, London.
Mitglied der Underwater Research Group of
New South Wales und der British Society of
Underwater Photographers.

Prof. Dr. Irenäus Eibl-Eibesfeldt
(Deutschland)

1928, Zoologe, Universitätsprofessor.
Bilder Nr. 1, 4, 71, 86
aufgenommen mit Rolleimarin auf
Kodak Ektachrome Professional.
Veröffentlichungen s. Literaturverzeichnis.

Hans Flaskamp
(Deutschland)

1937, Architekt.
Bilder Nr. 52, 117
aufgenommen mit Rollei und Hasselblad auf
Kodak Ektachrome.

Dr. Hans W. Fricke
(Deutschland)

1941, Zoologe.
Bilder Nr. 3, 5, 6, 7, 8, 9, 12, 14, 17–20, 30,
34–38, 42, 44–47, 62, 63, 65, 68, 70, 73, 76, 77, 79, 85,
88, 89, 91, 95, 98, 100, 102, 107–110, 115, 118,

122, 125–127, 136, 137, 139, 140, 142, 147, 150
aufgenommen mit Exa, Yashica, Hasselblad,
Rolleiflex auf Kodak Ektachrome Professional.
Ausgezeichnet auf der Bundestagung deutscher
Sporttaucher.
Preise in USA und in der DDR.
Veröffentlichungen s. Literaturverzeichnis.

Peter R. Gimbel
(USA)

1928, Filmproduzent, Regisseur, Fotograf,
Schriftsteller.
Bild Nr. 149.
Peter R. Gimbels Filme wurden weltbekannt.
Sein letzter abendfüllender Dokumentarfilm
›Blaues Wasser, weißer Tod‹ lief auch in
Europa mit großem Erfolg.

Hermann J. Gruhl
(Deutschland)

1941, Betriebswirt.
Bilder Nr. 15, 66, 105
aufgenommen mit Rolleiflex 3,5 F auf
Kodak Ektachrome X.
Auszeichnungen: Gold ›Kamera Louis Boutan‹
Deutschland, mehrfach Bronze ›Triton‹
England und USA. Veröffentlichungen in
internationalen Tauchsportzeitschriften.
Mitglied des Verbandes deutscher Sporttaucher
und der US Academy of Underwater
Photographers.

Dr. Hans-Rudolf Haefelfinger
(Schweiz)

1929. Zoologe, Gymnasiallehrer. Mitarbeiter am
Naturhistorischen Museum Basel und am
Laboratoire Arago, Banyuls-sur-Mer, Frankreich.
Bild Nr. 83
aufgenommen mit Nikonos auf Ektachrome X.
Auszeichnungen: ORION, Auszeichnung für
wissenschaftliche Filme ISFA.
Veröffentlichungen: Grzimeks Tierleben,
Nesseltiere Bd. I. Beiträge in Nautilus, Image,
Palette u. a.
Mitglied der wissenschaftlichen Tauchequipe des
Laboratoire Arago, Banyuls-sur-Mer,
Frankreich. Wissenschaftliche Filme aus
verschiedenen Gebieten der marinen Biologie.

Dr. Sebastian Holzberg
(Deutschland)

1937, Biologe.
Bilder Nr. 54, 58, 64, 69, 84, 87
aufgenommen mit Yashica Mat in Hecomar-I
auf Kodak Ektachrome Professional.

Siegfried Köster
(Deutschland)

1926, Chemotechniker.
Bilder Nr. 33, 39, 50, 51, 57, 92, 111, 120, 121
aufgenommen mit Rolleimarin auf Kodak
Ektachrome X und Professional.
Buch: Welt unter Wasser, Belser Verlag,
Stuttgart.

Peter Kopp
(Deutschland)

1934, Sporttauchlehrer.
Bilder Nr. 27, 28, 67, 80, 82, 96, 133, 138, 148
aufgenommen mit Rolleiflex, Hasselblad
auf Kodak Ektachrome.
Auszeichnungen: 1. Preis im ›Premio Sarra‹
Italien, 1969; Absoluter Preis aller Kategorien
im ›Premio Sarra‹ Italien, 1970;
›Goldener Dreizack‹ als bester Unterwasser-
fotograf des Jahres 1970, Italien; Erfolgreichster
Unterwasserfotograf im ›Yearbook of the
Underwater Photography‹ 1970, Santa Monica,
USA; Sonderpreis als bester Unterwasserfotograf
aller Kategorien des Japanischen Touristik-
Ministeriums.
Veröffentlichungen in Life, Paris Match, Epoca,
Stern, Quick, Scala Int. u. a.
Mitglied des Verbandes deutscher Sporttaucher.

Prof. Dr. Dietrich B. E. Magnus
(Deutschland)

1916, Zoologe.
Bild Nr. 23
aufgenommen mit Exakta Varex auf
Kodachrome.
Zahlreiche Veröffentlichungen in internationalen
Fachzeitschriften (s. Literaturverzeichnis).

David Masry
(Israel)

1943, Meeresbiologe. Seit 5 Jahren Unter-
wasserfotograf.
Bilder Nr. 16, 26
aufgenommen mit Nikon F auf Kodachrome II.
Zahlreiche Preise in nationalen Unterwasser-
Fotowettbewerben.
Fotoveröffentlichungen in internationalen
Fachzeitschriften.

Jack McKenney
(Kanada)

1938, Herausgeber der Zeitschrift Skin Diver.
Lebt in USA.
Bild Nr. 56
aufgenommen mit Nikonos auf Kodak
Ektachrome X.
Auszeichnungen: 4 Goldmedaillen, Silber- und
Bronzeauszeichnungen; Midwest Underwater
Photographer of the Year 1971.
Zahlreiche Buch- und Zeitschriften-
veröffentlichungen.
Mitglied der Clubs ›The K-W Dolphins‹ und
›Martini's Outlaws‹, Kansas, Missouri.

Horst Moosleitner
(Österreich)

1936, Lehrer. Studiert neben seinem Beruf
Zoologie und Botanik.
Bilder Nr. 74, 81, 97, 106
aufgenommen mit Praktisix auf Kodak
Ektachrome X.
Auszeichnungen: 3 Gold-, 2 Silber- und
7 Bronzemedaillen in Rom, London, Los Angeles.
Beiträge in Tauch- und Aquarienzeitschriften.
Buch: Leben unter Wasser, Pinguin Verlag,
Innsbruck.
Gehört dem TC Salzburg als Fachbeirat für
Unterwasserfotografie an.

Allan Power
(Australien)

1933, Unterwasserfotograf.
Bilder Nr. 90, 94, 104
aufgenommen mit Rolleiflex in Rolleimarin
auf Kodak Ektachrome X.
1. Preis ›Premio Levanto‹, Italien.

Buch: Secrets of the Seas, Verlag Reader's
Digest.
Veröffentlichungen in zahlreichen internationalen
Zeitschriften.

Ruud Rozendaal
(Niederlande)

1935, Diplom-Ingenieur für Flugzeugbau.
Bilder Nr. 29, 48, 55, 59
aufgenommen mit Rolleimarin auf Kodak
Ektachrome X und Professional.
Auszeichnungen: Premio Sarra 1968 (Bronze);
3. Int. Festival of Underwater Photography,
Brighton 1968 (Bronze); 8. Int. Underwater
Photographic Exhibition, USA 1968 (Gold und
Bronze); 4. Int. Festival of Underwater Photo-
graphy, Brighton 1970 (Gold); British Sub-Aqua
Club Trophy für das beste Farbdia des Festivals.
Bücher: Fotojacht onder de Waterspiegel,
A. J. G. Strengholt, Naarden;
Alles over Sportduiken, L. J. Veen, Wageningen.
Veröffentlichungen u. a. in Delphin, Grzimeks
Tierleben, Triton, Underwater Africa, Skin Diver,
Yearbook of Underwater Photography.

Ludwig Sillner
(Deutschland)

1923, Exportkaufmann.
Bilder Nr. 10. 31, 93
aufgenommen mit Rolleiflex 3,5 f in Rolleimarin
auf Kodak Ektachrome Professional.
Auszeichnungen: Absoluter Sieger, Premio Sarra,
Rom 1964; ›Goldener Dreizack‹, Ustica 1968;
Photographer of the Year, Santa Monica 1969 etc.
Seit 1960 Mitarbeiter an 5 Taucherzeitschriften
Europas.
Bücher: Kleiner Sprung ins große Meer,
Kosmos Verlag, Stuttgart;
Mit der Kamera auf Unterwasserjagd,
Kosmos Verlag, Stuttgart.
Einzelmitglied des Verbandes deutscher
Sporttaucher. Unterwasserfotograf auf der
›Calypso‹ des Kommandanten Cousteau 1967
im Indischen Ozean.

Piero Solaini
(Italien)

1921, Technischer Angestellter.
Bild Nr. 119
aufgenommen mit Rolleiflex im Rolleimarin auf
Kodak Ektachrome EX.
Auszeichnungen: Absoluter Sieger ›Maurizio
Sarra‹ 1963; Premio Levanto; Premio città di
Catania u. a.
Bildveröffentlichungen in Fachzeitschriften
und Büchern.

Akira Tateishi
(Japan)

1930, Unterwasserfotograf.
Bilder Nr. 112, 134, 135
aufgenommen mit Tateishi Bronika Marine,
Bronika S 2 auf Kodak Ektachrome X
und Fuji Color.
Veröffentlichungen in Marine Park, Fishes,
Marine Diving Magazine.
Mitglied der Gesellschaft Japanischer Fotografen.

Valerie und Ron Taylor
(Australien)

Filmproduzenten, Journalisten.
Bilder Nr. 2, 11, 13, 21, 32, 49, 60, 61, 101, 113,
123, 132
aufgenommen mit Nikon F, Nikonos, Rolleiflex.
Erste Preise beim Internationalen Film-
Festival, Santa Monica, USA.
1. Preis ›Maurizio Sarra‹, Italien.
Veröffentlichungen in National Geographic, Life,
Reader's Digest, Mondo Sommerso, Skin Diver,
Fathom.

Herwarth Voigtmann
(Deutschland)

1937, Sportlehrer (Skilehrer, Tauchlehrer).
Bilder Nr. 53, 116, 124
aufgenommen mit Rolleimarin auf Kodak
Ektachrome Professional.
Auszeichnungen: ›Maurizio Sarra‹ 1967 (Bronze).
Verschiedene Zeitschriftenveröffentlichungen.

Literatur

ABEL, E.: Fische zwischen Seeigel-Stacheln.
Natur und Volk, 90, 2, 33–38 (1960)
— Zur Kenntnis des Verhaltens und der Ökologie
von Fischen an Korallenriffen bei Ghardaqa
(Rotes Meer). Z. Morph. Ökol. Tiere, 49,
430–503 (1960)

BARDACH, J. E.: On the movements of certain
Bermuda reef fishes. Ecology 39 (1), 139–146
(1958)

BOOLOOTIAN, R. A.: The Physiology of
Echinoderms. Interscience (Wiley), New York
1960

COPPLESON, M.: Shark Attack, Angus a.
Robertson, Sydney und London 1958
COTT, H. B.: Adaptive Coloration in Animals,
Methuen, London 1957

COUSTEAU, J. Y.: Die schweigende Welt,
Blanvalet, Berlin 1953
— Haie. Droemer Knaur, München-Zürich 1970
— Korallen. Droemer Knaur, München-Zürich
1971
CROSSLAND, C.: The coral reefs at Ghardaque,
Red Sea. Proc. zool. Soc. Lond., Ser. A. 108,
513–523 (1938)

DAVENPORT, D., und K. NORRIS: Observations
on the symbiosis of the sea anemone
Stoichactis and the Pomacentrid fish
Amphiprion percula. Biol. Bull. 115, 397–410
(1958)

DAVIS, W. P., and D. M. COHEN: A Gobiid
fish and a palaemonid shrimp living on an
antipatharian sea whip in the tropical Pacific.
Bull. Mar. Science 18 (4), 749–761 (1968)

EIBL-EIBESFELDT, I.: Über Symbiosen, Parasitismus und andere zwischenartliche Beziehungen bei tropischen Meeresfischen.
Z. Tierpsychol. 12, 203–219 (1955)
— Der Fisch Aspidontus taeniatus als Nachahmer des Putzers Labroides dimidiatus.
Z. Tierpsychol. 16, 19–25 (1959)
— Beobachtungen und Versuche an Anemonenfischen (Amphiprion) der Malediven und der Nikobaren. Z. Tierpsychol. 17, 1–10 (1960)
— Eine Symbiose zwischen Fischen (Siphamia versicolor) und Seeigeln.
Z. Tierpsychol. 18, 56–59 (1961)
— Freiwasserbeobachtungen zur Deutung des Schwarmverhaltens verschiedener Fische.
Z. Tierpsychol. 19, 165–182 (1962)
— Im Reich der tausend Atolle. Piper, München 1964
— Haie. Angriff, Abwehr, Arten (Neptun-Bücherei). Franckh, Stuttgart 1965
— Grundriß der vergleichenden Verhaltensforschung. Piper, München 1967
— und H. HASS: Erfahrungen mit Haien.
Z. Tierpsychol. 16, 739–746 (1959)
— und G. SCHEER: Das Brutpflegeverhalten eines weiblichen Octopus aegina GRAY.
Z. Tierpsychol. 19, 257–261 (1962)

FEDER, H. M.: Cleaning Symbiosis in the Marine Environment. Symbiosis Vol. 1, Academic Press Inc., New York 1966
FISHELSON, L.: Observations on the biology and behavoir of Red Sea coral fishes.
Bull. Sea Fish. Res. Stn. Haifa 37, 11–26 (1964)
FRANZISKET, L.: Die Stoffwechselintensität der Riffkorallen und ihre ökologische, phylogenetische und soziologische Bedeutung.
Z. Vergl. Physiol. 49, 91–113 (1964)
— Riffkorallen können autotroph leben.
Naturwissenschaften 56, 144 (1969)
— The Atrophy of Hermatypic Reef Corals Maintained in Darkness and their Subsequent Regeneration in Light. Int. Revue ges. Hydrobiol. 55 (1), 1–12 (1970)
FRICKE, H. W.: Zum Verhalten des Putzerfisches Labroides dimidiatus.
Z. Tierpsychol. 23 (1), 1–3 (1966)
— Der Nahrungserwerb des Gorgonenhauptes Astroboa nuda. Natur und Museum 96 (12), 501–510 (1966)
— Garnelen als Kommensalen der tropischen Seeanemone Discosoma. Natur und Museum 97 (2), 53–58 (1967)
— Beiträge zur Biologie der Gorgonenhäupter

Astroboa nuda und Astrophyton muricatum (Ophiuroidea, Gorgonocephalidae).
Dissertation der Mathematisch-Naturwissenschaftlichen Fakultät der Freien Universität Berlin. 105 pp. Berlin 1968
— Zwischenartliche Beziehungen der tropischen Meerbarben Pseudupeneus barberinus und Pseudupeneus macronema mit einigen anderen marinen Fischen.
Natur und Museum 100 (2), 71–80 (1970)
— Neue kriechende Ctenophoren der Gattung Coeloplana aus Madagaskar. Mar. Biol. 5 (3), 225–238 (1970)
— Ein mimetisches Kollektiv – Beobachtungen an Fischschwärmen, die Seeigel nachahmen.
Mar. Biol. 5 (4), 307–314 (1970)
— Die ökologische Spezialisierung der Eidechse Cryptoblepharus boutoni cognatus für das Leben in der Gezeitenzone (Reptilia, Skinkidae) Oecologica 5, 380–391 (1970)
— Beobachtungen über das Verhalten und Lebensweise des im Sand lebenden Schlangensterns Amphioplus sp. Helgoländer wiss. Meeresunters. 21, 124–133 (1970)
— Ökologische und verhaltensbiologische Beobachtungen an den Röhrenaalen Gorgasia sillneri und Taenioconger hassi.
Z. Tierpsychol. 27, 1076–1099 (1970)
— Fische als Feinde tropischer Seeigel.
Mar. Biol. 9 (4), 328–338 (1971)
— und M. HENTSCHEL: Die Garnelen-Seeigel-Partnerschaft – eine Untersuchung der optischen Orientierung der Garnele.
Z. Tierpsychol. 28, 453–462 (1971)

GERLACH, S. A.: Über das tropische Korallenriff als Lebensraum. Verh. Dt. Zool. Ges., Münster (Westf.), 356–363 (1959)
GILBERT, P. W.: The behavior of sharks.
Sci. Amer. 207 (1962)
GOHAR, H. A. F.: Commensalism between fish and anemone with a description of the eggs of Amphiprion bicinctus Rüppel.
Publ. Mar. Biol. Stat. Ghardaqa, Egypt., 6, 35–44 (1948), Fouad. Univ. Press, Guiza
GOREAU, TH. F.: The ecology of Jamaican Coral Reef. I. Species composition and zonation.
Ecology 40, 67–90 (1959)
— Wachstum und Kalkanlagerung bei Riffkorallen. Endeavour 20, 32 (1961)
— Calcium carbonate deposition by coralline algae and corals in relation to their roles as reef-builders. Ann. N. Y. Acad. Sci. 109, 127–167 (1963)

GRAEFE, G.: Die Anemonen-Fisch-Symbiose und ihre Grundlage nach Freilanduntersuchungen bei Eilat, Rotes Meer. Naturwiss. 50, 410 (1963)

HASS, H.: Menschen und Haie. Orell-Füssli, Zürich 1949
— Manta. Ullstein, Berlin 1952
— Wir kommen aus dem Meer. Ullstein, Berlin 1957
— Expedition ins Unbekannte. Ullstein, Berlin 1961
— In unberührte Tiefen. Molden, Wien 1971
HIATT, R. W., und D. W. STRASBURG: Ecological Relationships of the Fish Fauna on Coral Reefs of the Marshall Islands. Ecol. Monogr. 30, 65–127 (1960)

KAESTNER, A.: Lehrbuch der speziellen Zoologie. I. Wirbellose, 1954/55. Fischer, Stuttgart 1963
KLAUSEWITZ, W.: Biologische Bedeutung der Färbung der Korallenfische. Zool. Anz. Suppl. 22, 329–333 (1959)
— Das Farbkleid der Korallenfische. Natur und Volk 91 (6), 204–215 (1962)
— Über einige Bewegungsweisen der Schlammspringer (Periophtalmus). Natur und Museum 97 (6), 211–222 (1967)
— und I. EIBL-EIBESFELDT: Neue Röhrenaale von den Malediven und Nikobaren (Pisces, Apodes, Heterocongridae). Senck. biol. 40, 135–153 (1959)
KNAURS Tierreich in Farben: Fische und Wirbellose. Droemersche Verlagsanstalt, München 1961
KRAMER, E.: Zur Form und Funktion des Lokomotionsapparates der Fische. Z. wiss. Zool. 163, 1/2 (1960)

LIMBAUGH, C.: Cleaning symbiosis. Sci. Am. 205, 42–49 (1961)
—, H. PEDERSON und F. A. CHACE: Shrimps that clean fishes. Bull Marine Sci. Gulf Caribbean II, 237–257 (1961)
LINSENMAIR, K. E.: Konstruktion und Signalfunktion der Sandpyramide der Reiterkrabbe Ocypode saratan, Forsk. Z. Tierpsychol. 24, 403–456 (1967)
LONGLEY, W. H., und S. F. HILDEBRAND: Systematic catalogue of the fishes of Tortugas, Florida. Papers Tortugas Lab. 34, 1–331 (1941)
LORENZ, K.: Naturschönheit und Daseinskampf. Kosmos 58, 340–348 (1962)

— The function of colour in coral reef fishes. Proc. Roy. Inst. Great Brit. 39, 282–296 (1962)
— Das sogenannte Böse. Zur Naturgeschichte der Aggression. Borotha-Schoeler, Wien 1963
— Über die Entstehung von Mannigfaltigkeit. Die Naturwissenschaften 12, 319–329
LUTHER, W.: Symbiose von Fischen (Gobiidae) mit einem Krebs (Alpheus djiboutensis) im Roten Meer. Z. Tierpsychol. 15, 175–177 (1958)

MAGNUS, D. B. E.:
— Wasserströmung und Nahrungserwerb bei Stachelhäutern des Roten Meeres. Ber. Phy. Ned. Ges. Würzburg 71, 128–141 (1962-4)
— Zum Problem der Partnerschaften mit Diadema-Seeigeln. Verh. dtsch. zool. Ges. München 1963, Zool. Anz. Suppl. 27, 404–417 (1964)
— Zur Ökologie einer nachtaktiven Flachwasserseefeder (Octocorallia Pennatularia) im Roten Meer. Veröff. Instit. f. Meeresforsch. Bremerhaven, Bd. 369, 380 (1966)
— Bewegungsweisen des amphibischen Schleimfisches Lophalticus kirkii magnusi Klausewitz (Pisces, Salariidae) im Biotop. Verh. dtsch. zool. Ges. Jena 1965. Zool. Anz. Suppl. 29, 542–555 (1966)
— Zur Ökologie sedimentbewohnender Alpheus-Garnelen des Roten Meeres. Helgoländer wiss. Meeresunters. 15, 506–522 (1967) und U. HAACKER: Zum Phänomen der ortsunsteten Ruheversammlungen der Strandschnecke Planaxis sulcatus (Born). Sarsia 34, 137–148 (1968)
McGINITIE und McGINITIE: Natural History of Marine Animals. McGraw Hill, London-New York 1949

ODUM, H. T., und E. P. ODUM: Trophic structure and productivity of a windward coral community on Eniwetok Atoll. Ecol. Monogr. 25, 291–320 (1955)

PHILLIPS, C.: The captive sea, 49 pp. Frederick Muller Ltd., London 1964

RANDALL, J. E.: Fishes of the Gilbert Islands. Atoll Res. Bull. 47, 1–243 (1955)
— Fish service stations. Sea Frontiers 8, 40–47 (1962)
— Food habits of reef fishes of the West Indies. Stud. Trop. Oceanogr. 5, 665–847 (1967)

— und W. D. HARTMANN: Sponge-feeding fishes of the West Indies. Mar. Biol. 1, 216–225 (1968)

— und H. A. RANDALL: Examples of mimicry and protective resemblance in tropical marine fishes. Bull. Marine Sci. Gulf Caribbean 10, 444–480 (1960)

—, R. E. SCHROEDER und W. A. STARCK: Notes on the biology of the echinoid Diadema antillarum. Caribb. J. Sci. 4 (2,3), 421–433 (1964)

RICKETTS, E. F., und J. CALVIN: Between Pacific Tides. Stanf. Univ. Press, 3. Aufl. Stanford 1962

RIEDL, R.: Fauna und Flora der Adria. Parey, Berlin 1963

ROUGHLEY, T. C.: Wonders of the Great Barrier Reef. Angus & Robertson, Sydney and London 1936

SCHEER, G.: Der Lebensraum der Riffkorallen. Ber. 1959/60. Nat.wiss. Ver. Darmstadt, 29–44 (1960)

— Viviparie bei Steinkorallen. Naturwiss. 47, 10, 238–239 (1960)

SCHLICHTER, D.: Das Zusammenleben von Riffanemonen und Anemonenfischen. Z. Tierpsychol. 25, 933–954 (1968)

— Chemischer Nachweis der Übernahme anemoneneigener Schutzstoffe durch Anemonenfische. Naturwissenschaften 57 (6), 312–313 (1970)

SETCHELL, W.: Biotic cementation in coral-reefs. Proc. nat. Acad. Sci., Washington, 16, 781–783 (1930)

SHAW, E.: Schooling in Fishes: Critique and Review in Development and Evolution of Behavior. W. H. Freeman, San Francisco 1970

STRASBURG, D. W.: Notes on the diet and correlating structures of some central Pacific echeneid fishes. Copeia 3, 244–248 (1959)

SYLVA, D. P. DE: Systematics and Life History of the Great Barracuda. Stud. Trop. Oceanogr. 1, 1–153 (1963)

TINBERGEN, N.: Instinktlehre. Parey, Berlin 1952

— Tiere untereinander. Parey, Berlin 1955

VAUGHAN, T. W.: Corals and the formation of coral reefs. Amer. Rep. Smithsonian Inst. 1917. 189–276 (1919)

VERWEY, J.: Coral Reef Studies. I. The symbiosis between Damselfishes and Sea Anemones in Batavia Bay. Treubia 12, 305–366 (1930)

WAHLERT, G. V.: Die ökologische und evolutorische Bedeutung der Fischschwärme. Veröff. Inst. Meeresforschung Bremerhaven, 197–213 (1963)

— und H. V. WAHLERT: Beobachtungen an Fischschwärmen. Veröff. Inst. Meeresforschung Bremerhaven, 8, 151–162 (1963)

WEBER, E.: Über Ruhelagen von Fischen. Z. Tierpsychol. 18, 517–533 (1961)

WICKLER, W.:

— Zum Problem der Signalbildung, am Beispiel der Verhaltens-Mimikry zwischen Aspidontus und Labroides (Pisces, Acanthopterygii). Z. Tierpsychol. 20, 657–679 (1963)

— Natürliche Augen- und Eiattrappen an Fischen: Innerartliche Mimikry als Sonderfunktion der Körperfärbung. Veröff. Inst. Meeresforschung Bremerhaven. 3. Sonderband, 222–227 (1963)

— und U. SEIBT: Das Verhalten von Hymenocera picta Dana, einer seesternefressenden Garnele (Decapoda, Natantia, Gnathophyllidae). Z. Tierpsychol. 27, 352–368 (1970)

WIENS, H. J.: Atoll Environment and Ecology. New Haven and London. Yale University Press 1962

WINN, H. E.: The biological significance of Fish Sounds. Marine Bio-Acoustics, Pergamon Press, Oxford, London 1964

YONGE, C. M.: A year on the Great Barrier Reef. London 1930

— Studies on the physiology of corals. V. The effect of starvation in light and darkness on the relationship between corals and zooxanthellae. Gt. Barrier Reef Exped. 1928–29, Sci. Rep. 1, 177–211 (1931)

ZUMPE, D.: Laboratory Observations on the Aggressive Behaviour of some Butterfly Fishes. Z. Tierpsychol. 22 (2), 226–236 (1965)

Register

Kursiv gedruckte Zahlen
verweisen auf die Bildseiten.

Dank

Als unermüdlicher Förderer dieses Vorhabens erwies sich der bekannte Unterwasserfotograf Ludwig Sillner. Er gab dem Verlag wertvolle Hinweise für die Bildbeschaffung.

Für die Bestimmung der Tiere danke ich: Dr. Fechter und Dr. Terophal, Zoologische Staatssammlung München; Dr. Klausewitz und Prof. Dr. Mertens, Senckenberg-Museum Frankfurt; Dr. Haefelfinger, Naturhistorisches Museum Basel; Dr. Scheer, Hessisches Landesmuseum Darmstadt; Dr. Thiel, Institut für Hydrobiologie der Universität Hamburg, und Dr. Plante, Station d'Endoume Marseille.

Mein Lehrer, Prof. Dr. Lorenz, förderte meine Studien im In- und Ausland. Den Seewiesenern, besonders Dr. Lamprecht und Dr. Wickler, danke ich für zahlreiche anregende Diskussionen. Die Abbildungen 143–146 (Aquariumaufnahmen) stellten Dr. Seibt und Dr. Wickler zur Verfügung.

Meine Freunde Dr. Sebastian Holzberg und Edith Holzberg halfen mir bei den Unterwasserarbeiten im Roten Meer.

Besonderen Dank schulde ich Susanne Tillner. Durch ihre kritischen Fragen trug sie wesentlich zur Klärung vieler Probleme bei. Außerdem half sie mir bei der Durchsicht des Manuskripts.

Seewiesen, 1972   Hans W. Fricke